探索奥秘世界百科丛书

探索世界历史奥秘

谢宇 主编

花山文艺出版社

河北·石家庄

图书在版编目（CIP）数据

探索世界历史奥秘 / 谢宇主编. — 石家庄：花山文艺出版社，2012（2022.3重印）
（探索奥秘世界百科丛书）
ISBN 978-7-5511-0658-0

Ⅰ. ①探… Ⅱ. ①谢… Ⅲ. ①世界史－青年读物②世界史－少年读物 Ⅳ. ①K109

中国版本图书馆CIP数据核字（2012）第248576号

丛 书 名：探索奥秘世界百科丛书
书　　名：探索世界历史奥秘
主　　编：谢　宇
责任编辑：梁东方
封面设计：袁　野
美术编辑：胡彤亮
出版发行：花山文艺出版社（邮政编码：050061）
　　　　　（河北省石家庄市友谊北大街 330号）
销售热线：0311-88643221
传　　真：0311-88643234
印　　刷：北京一鑫印务有限责任公司
经　　销：新华书店
开　　本：700×1000　1/16
印　　张：10
字　　数：150千字
版　　次：2013年1月第1版
　　　　　2022年3月第2次印刷
书　　号：ISBN 978-7-5511-0658-0
定　　价：38.00元

前　言

　　我们生活的世界，是个十分有趣、错综复杂而又充满神秘的世界。然而，正是这样一个奇妙无比的世界，为我们提供了一个领略无穷奥秘的机会，更为我们提供了一个永无止境的探索空间……

　　在浩瀚的宇宙中，蕴藏着包罗万象的无穷奥秘；在我们生活的地球上，存在着众多扑朔迷离的奇异现象；在千变万化的自然界中，存在着种种奇异的超自然现象。所有的这些，都笼罩在一种神秘的气氛中，令人费解。直到今天，人们依旧不能完全揭开这些未知奥秘的神秘面纱。也正因如此，科学家们以及具有旺盛求知欲的爱好者对这些未知的奥秘有着浓厚的探索兴趣。每一个疑问都激发人们探索的力量，每一步探索都使人类的智慧得以提升。

　　为了更好地激发青少年朋友们的求知欲，最大程度地满足青少年朋友的好奇心，最大限度地拓宽青少年朋友的视野，我们特意编写了这套"探索奥秘世界百科"丛书，丛书分为《探索中华历史奥秘》《探索世界历史奥秘》《探索巨额宝藏奥秘》《探索考古发掘奥秘》《探索地理发现奥秘》《探索远逝文明奥秘》《探索外星文明奥秘》《探索人类发展奥秘》《探索无穷宇宙奥秘》《探索神奇自然奥秘》十册，丛书将自然之谜、神秘宝藏、宇宙奥秘、考古谜团等方面最经典的奥秘以及未解谜团一一呈现在青少年朋友们的面前。并从科学的角度出发，将所有扑朔迷离的神秘现象娓娓道来，与青少年朋友们一起畅游瑰丽多姿的奥秘世界，一起探索令人费解的科学疑云。

　　丛书对世界上一些尚未破解的神秘现象产生的原理进行了生动的剖析，揭示出谜团背后隐藏的玄机；讲述了人类探索这些奥秘的进程，尚存的种种疑惑以及各种大胆的推测。有些内容现在已经有了科学的解释，有些内容尚待进一步研究。相信随着科学技术的不断发展，随着人类对地球、外星文明探索的进展，相关的未解之谜将会一个个被揭开，这也是丛书编写者以及广大读者们的共同心愿。

丛书集知识性、趣味性于一体，能够使青少年读者在领略大量未知神奇现象的同时，正确了解和认识我们生活的这个世界，能够启迪智慧、开阔视野、增长知识，激发科学探寻的热情和挑战自我的勇气！让广大青少年读者学习更加丰富全面的课外知识，掌握开启未知世界的智慧之门！

朋友们，现在，就让我们翻开书，一起去探索世界的无穷奥秘吧！

编者

2012年8月

目　录

地层深处的脚印之谜

◉ ◉ ◉ ◉ ◉ ◉ ◉ ◉ ◉ ◉

距今1万多年的旧石器时代的人类，被认为是可考历史中确实存在的地球人，而化石证据告诉人们，人类的祖先早出现于300万年前。如果我告诉你，在距今5亿多年前的地层里发现人的脚印，你一定不会相信，然而，这却是有据可查的。

1978年，隶属于美国哈奎尔兹公司的科学家W.J.曼斯特，在犹他州西部的羚羊镇采集岩石时，当他割开含有三叶虫化石的寒武纪地层时，发现了里面有一个脚印，脚印长25厘米，脚趾部分宽约8厘米，脚后跟部分宽约7厘米，脚后跟部分下凹1.5厘米。令人感到惊异的是，在这个脚印下，有三叶虫踩踏过的痕迹。

1984年，在英国的冬米亚湖附近，在5.4亿年前的奥陶纪地层，人们也发现了一个如浮雕一样的脚印。

1987年，在美国圣路易市距今2.3亿年前的地层里，人们发现了一个裸足脚印：五个脚趾及脚弓清晰可见，是个长约45厘米的"大脚"。

还有一些应该不属于现今人类的脚印：在美国的内华达州的蛋白石矿山，人们发现了超小型的脚印，它出现在蛋白石的原石里，长仅约3.8厘米，比人类婴儿的脚还小，莫非这个脚印是不知什么时代造访地球的外星人所有吗？

在美国的弗吉尼亚州帕卡斯巴库近郊，发现了长约36厘米的完整足迹；在美国堪萨斯州巴克斯塔矿区的砂岩中，人们发现了长约90厘米的巨型脚印。

上述这些脚印，都经过科学家的鉴定，碳-14测定的结果表明：这些脚印最近的也是在距今2亿多年前的地层中发现的，而且排除了人工塑造的可能。

就人类已知的知识来说，这些脚印的主人应该是人。

问题是，如前所述，我们人类的祖先出现在地球上是数百万年前的事。而在数亿年前，人类应该没有出现，也没有出现过跟人类足迹类似的大型动物，不是化石已经证实的哺乳类、爬行类动物遗留下来的。

到目前为止，已有数十例地层中的脚印被报道，且均为严肃的科学杂志。尽管如此，还是有人说这是人为的恶作剧。

但这些脚印大都存在于三叶虫生存的年代。如果是人为塑造的话，他们是怎样将雕刻好的脚印刻在岩石上再埋入地层深处的呢？这不仅需要花费骇人的费用，而且不可能一点痕迹都留不下。

结论大概只有一个：在大约数亿年前，地球上已经有长着类似人类的脚，有的甚至穿着类似的"鞋子"，是用双足直立行走的大型或巨型生物。

阿尔卑斯山冰川人之谜

◉ ◉ ◉ ◉ ◉ ◉ ◉ ◉ ◉ ◉ ◉

1991年9月，一对德国夫妇在意大利和奥地利边境地区的多罗米蒂山海拔千米的一片冰川中发现了一具尸体，他们立即报告给奥地利警察。警方来到现场时发现，尸体头戴草帽，腿上裹着羊皮护腿，身旁放着一把斧头和一张弓箭。这些现象引起了警方的注意，再仔细检查时发现，尸体的颜色呈褐色，形状干瘪。这些异样的特征令警方不敢大意，他们请来了专家。经过一番化验分析后，专家们宣布了一个令世界震惊的消息：这具尸体的年龄已有5300年，是一具在低温下形成的木乃伊。

1998年1月，这具干尸被移放到意大利博尔扎诺市博物馆的一个零下6摄氏度的恒温冰房内。因为尸体是在奥茨山谷发现的，意大利人给这一冰川人起名叫"奥茨人"。

从对干尸初步的检测结果表明，"奥茨人"为男性，身高为165厘米，体重为40千克，死时大约为45岁，一根肋骨被折断。人们推断："奥茨人"可能是一位猎人或牧羊人，死于夏末秋初时节，当时山上已进入寒冬，他在一场暴风雪中迷了路，最后被冻死在雪地里。山上的常年低温使得尸体没有腐烂，天长日久又慢慢地蒸发了尸体的水分，最后终于成为木乃伊。"奥茨人"是目前人们在地球上已发现的最古老和保存最好的古尸。

这具古尸深深地吸引着科学家们，要解开这个谜就必须对其进行更深入的研究。来自英国苏格兰格拉斯哥大学的法医专家万内齐斯负责查明"奥茨人"的死因，他从干尸的前胸和后背处各取了一些皮肤和脂肪组织样本，通过检测这些样本中的铁沉淀的含量确定"奥茨人"死时是向前扑倒还是向后仰倒的，这样就能大体断定他是意外突然死亡还是自然地慢慢死亡；来自罗马天主教大学的几位专家负责测定"奥茨人"的DNA工作，他们将结果与在阿尔卑斯山地区发现的其他史前生物的DNA相比较，组建该地区的基因库；意大利卡美里诺大学的罗洛教授负责测定和分析"奥茨人"肠胃等消化系统组织的ＤＮＡ工作，从而确定当时人们的食性，并通过消化系统内食物残留的变化情况研究尸体木乃伊化的过程；瑞士苏黎世联邦技术学院的穆勒教授负责研究"奥茨人"的牙齿，他将通过对"奥茨人"牙齿珐琅质的测定和分析，确定其生长的地点……研究小组已宣布了一项新发现：根据对"奥茨人"双足的检测，其足部骨的底部有轻微的坏死现象，由此断定他在死前的很长一段时间内曾患过严重的冻疮。

"奥茨人"是谁？研究工作的不断进行肯定会越来越丰富已知的一些零星信息，并最终给人们一个满意的答案。

白雪皑皑的冰川中，也蕴藏着人类的奇迹。

神奇的巴格达陶罐

◉ ◉ ◉ ◉ ◉ ◉ ◉ ◉ ◉

在巴格达伊拉克博物馆的藏品中，有一只简陋的小陶罐，外观虽不起眼，却被誉为"考古学领域最令人吃惊的发现"。因为尽管已有大约2000年的历史，但以陶罐内装的所有物质及其制作意图来判断，这只陶罐却像是一个电池的外壳。

1936年6月，铁路建筑工人在巴格达附近偶然挖开一座古墓之后发现了这件神秘的物品。考古学家们赶来后，发现这座陵墓事实上是安息时期（约前250~250）一个定居点的一部分。经过发掘，他们出土了大量物品，其中有带雕刻图案的砖块、陶器、玻璃和金属制品，外加一个内装奇特物质——一根一头封闭的铜管、一根铁棒和一些沥青碎屑的卵形陶罐。

在访问巴格达期间，伦敦科学博物馆的物理学家沃尔特·温顿听到有关此次发现的报告后，对这只陶罐进行了仔细的研究，并产生了很深的印象。他说："在铜制容器内放上一些酸，随便什么，醋也可以。嘿，转眼的工夫，你就有了一个能产生电压并释放电流的简单腔体。将几个这类腔体串联起来，便构成一个电池组，所发出的电流足以使电铃发声，点亮灯泡，或驱动一辆小型电动车。"

温顿指出，这件物品确实是电池，这是"显而易见和完全可信的"。他的唯一疑问来自于它的独特性质。考古学上的"一次性事物"始终是最难解释的发现。其实，此前在巴格达附近的安息古城泰西封已经发现了其他陶罐，只是温顿并不知晓罢了。那些陶罐是与护身符等多种神秘物品一起发现的。这种情况表明，炼金术士曾使用过这些陶罐，但我们仍然找不到它们作何用途的线索。温顿说，最理想的是这只陶罐应同金属线一道被发现，能找到一系列此类陶罐，才是比较好的事情，因为有了它们，疑点便会烟消云散。然而，正如温顿于1967年所指出的，如果不是电池，它又会是什么东西呢？

"我不是考古学家，所以我直接提出了最容易提出的科学答案。我看不出它还能有什么别的用途，也许有更好的答案，但至今我还没有听到。"

25年过后，还是无人为这只神秘的陶罐提出真实可信的其他解释。而首要的事实仍然是：它作为一个电池，工作得相当出色。美国进行过两项独立的实验，对陶罐及其内装物质的复制进行做了测试。把醋酸、硫酸或柠檬酸当作电解质，注入铜管，模型便产生电压为1.5伏的电流，18天后电流才会消失。

可是，在2000年前，到底是什么人用电池做了什么事情？科罗拉多大学的保罗·凯泽后来指出，这些电池的使用者是巴比伦的医生，在没有电鳐鱼时，他们把它作为替代品使用，从而能起到局部麻醉的作用。但是，在各种意见中，仍以伊拉克博物馆实验室主任、德意志考古学家威廉·柯尼希所作的解释最有说服力。他曾于1938年仔细研究过"巴格达电池"。柯尼希认为，将若干个这类腔体串联起来，从里面发出的电流可用来电镀金属。实验用复制品所产生的电压能够满足这项工作的需要。

事实上，为了给铜首饰包银，伊拉克的工匠们仍然在使用一种原始的电镀方法。这种技术可能是从安息时期或更早的时候起一代代传下来的。三千多年以前，安息人便继承了近东地区的科研传统和公元前330年随亚历山大大帝入侵此地的希腊人的聪明才智。

我们可能永远也搞不清古代的电学实验究竟进行到了何种程度。古代伊拉克的工匠们对他们的技术知识妥加防范，秘不外传；巴比伦泥板上确实列出了制作彩色玻璃的配方，但配方中往往夹杂着行话，只有行家才能看出其中的门道。电镀的秘诀肯定是秘不外传的宝贵财富，或许从未以简洁易懂的文体见诸文字。好在伊拉克还有数百个坟冢未曾发掘，博物馆中也有数千块泥版，泥版上涉及科学的文字还在等人翻译。或许最保险的说法是，古人所掌握的电学知识，其涵盖范围之广可能还会给现代的人们带来种种惊喜。

尼安德特人消失之谜

◉ ◉ ◉ ◉ ◉ ◉ ◉ ◉ ◉

在离德国诗人海涅家乡杜塞尔多夫城不远的地方，有个叫"尼安德特"的峡谷。1856年8月，采石工人在一个峡谷的山洞里发掘了一副人骨架。

1864年，爱尔兰一位解剖学家研究后认为，这是一个新的人种，他定名为"尼安德特人"，简称"尼人"。

尼人是人类进化史上一个极其重要的阶段，他们广泛分布在欧亚的大部分地区，已经极为接近现代人，但是最终却未能进化成现代人。

大约在7万年前，突然从世界舞台上消失了，成为人类学的一个重大谜团。

尼人是怎么消失的呢？美国布朗大学的语言学家菲利普·利伯曼和耶鲁大学医学院的解剖学家埃德蒙·克里林认为，尼人低级的语言能力是其被灭绝的原因。他们根据尼人建立了声道模型，然后用计算机测定其发音能力。

研究结果表明，尼人声道像猩猩和婴儿一样，是单道共鸣系统，只能通过改变口腔的形状来改变声音，发音能力十分有限。语言的落后影响了其思想的交流和社会的发展，因而渐趋灭绝！

中国人类学工作者李炳文、胡波在《人类的继往开来》一书中认为，尼人灭绝是由于严格的近亲婚配造成的。他们指出，近亲婚配使尼人人种退化，人口减少。尼人的眉脊突起，额骨收缩，直立姿势反不如猿人，走起路来跟跟跄跄，这正是近亲婚配的结果。

还有的专家认为，尼安德特人的头盖骨越来越大，婴儿出生越来越困难，从而造成了尼安德特人的灭绝。

尼人比直立猿人要进步得多，他们有发达的大脑，脑量达1300毫升；尼人能制造比较精致的工具，学会了人工取火；尼人还学会了埋葬同伴，他们把死去的同伴与石器一起小心地安葬，这说明尼人开始思考人死后往何处去的问题。

最令科学家吃惊的是，尼人竟能制作并吹奏用动物股骨制作的长笛，而人类使用乐器的时间最早可追溯到公元前4000年。难道生活在40000年前的尼人比现代人还进步吗？更令人称奇的是，尼人用大块石头凿成炉子，以猛犸骨头作炉脚，形状就像今天的蜂窝煤炉，而3万～4万年前尼人的房子，基础上已经使用了柱脚，房屋比中国陕西的半坡遗址还先进得多。并且尼人只吃熟食，已经有了相当水平的营养内容。

凡此种种，表明尼人比现代人更有智慧，更具备战胜大自然灾难的能力。可他们为什么被时间所淘汰了呢？

我们先不猜测这些扑朔迷离的谜，只需问一问，一个进化到如此程度或者说比我们的祖先还要先进的尼人怎么会在地球上消失的呢？我们的祖先能活下来，他们为什么不行呢？

科学家把物种的突然消失归咎于大自然的灾变，但对3万～4万年前的地球进行考察，没有发现足以使生物大规模灭绝的灾难证据，而且地球人还活着，说明这个灾难并不是全球性的。尼人真由此而灭绝吧？

种种研究给出了信号：尼安德特人还活着。那他们在哪里呢？苏联的科夫曼博士说："他们就是阿尔玛斯"，并进行了长达几乎40年的研究。

首先，科夫曼根据目击者提供的有关"阿尔玛斯"的资料，复制出了它们的图像：颧骨高、鼻孔大、嘴也大、下鄂小。与尼人几乎相同。

19世纪初在高加斯扎丹山，曾有人捕捉到一个女性的"阿尔玛斯"，用来当作仆人，后来她为主人生了三个小孩，三个小孩皮肤均为浅黑色，体格强壮，语言能力与人类没有区别，长大后都结婚生子，而他们的母亲萨纳则于1880年去世。

萨纳的第三子在65～70岁去世后，其头盖骨在20世纪80年代初被莫斯科达尔文博物馆收藏，据人类学家宣称，就眼窝上部及后头部形状而言，具有尼安德特人头盖骨的特征。

尽管如此，在没有得到阿尔玛斯活的标本之前，还是难以确定阿尔玛斯是不是尼人后裔，尼人是否还活着仍旧不可遽下断语。

亚特兰蒂斯文明沉没之谜

◉ ◉ ◉ ◉ ◉ ◉ ◉ ◉ ◉ ◉ ◉

自柏拉图之后，亚特兰蒂斯大陆的传说就一直困扰着人们：亚特兰蒂斯大陆真的存在过吗？它的文明程度究竟有多高呢？它的沉没与世界各地流传的大洪水有无关联呢？

传说中，创建亚特兰蒂斯王国的是海神"波赛冬"。在一个小岛上，有位父母双亡的少女，波赛冬娶了这位少女并生了五对双胞胎儿子，于是波赛冬将整座岛划分为十个区，分别让十个儿子来统治，并以长子为最高统治者。这个长子名叫"亚特拉斯"，该国被称为"亚特兰蒂斯王国"。亚特兰蒂斯王国十分富强，除了岛屿本身物产丰富外，来自埃及、叙利亚等地中海国家的贡品也源源不断。

十位国王都很英明，各自的国家也都很富强。不幸的是，这些国家不久以后便开始出现了腐化现象。众神之王"宙斯"为惩罚人们的堕落，引发地震和洪水，亚特兰蒂斯王国便在一天一夜中没入海底。

中美洲印第安人的霍比部落，在他们的编年史里，记载着地球的三次特大灾难：第一次是火山爆发；第二次是地球脱离轴心后疯狂地旋转；第三次是12000年前的特大洪水。

这第三次灾难曾使全球的水位上升，淹没了大西洋、地中海、加勒比海等地区的一些陆地及岛屿，后来又由于海底火山的爆发，部分陆地下沉，形成世界性的特大洪水。这场洪水使得一个具有高度文明的国家顷刻间变得无影无踪。

它当时的文化水平已经相当发达，这里的人口估计有3000万，这个大陆由于一次特大洪水，一夜之间便沉入了海底。这个故事与印第安人记录的那一次12000年前的特大洪水不谋而合。

那么，是否有过亚特兰蒂斯文明呢？

被称为"科学的亚特兰蒂斯学之父"的美国人德奈利，在19世纪提出了亚特兰蒂斯学十三条纲领，对后世研究产生了重大影响。

第一，远古时代大西洋中有大型岛屿，那是大西洋大陆的一部分，称为"亚特兰蒂斯"。

第二，柏拉图所记述的亚特兰蒂斯的故事是真实的。

第三，亚特兰蒂斯是人类脱离原始生活，形成文明的最初之地。

第四，随着时代的演变，人口渐增，人民移居世界各地。

第五，宗教及传说中的伊甸园指的就是亚特兰蒂斯。

第六，古代希腊及北欧的神是亚特兰蒂斯的国王、女王及英雄被人格化的产物。

澎湃的海浪，凶猛地冲向脆弱的小岛，不知何时将它们彻底地吞噬，变成了永久的传说

第七，埃及和秘鲁的神话中有亚特兰蒂斯人崇拜太阳神的记载。

第八，亚特兰蒂斯人最古老的殖民地是埃及。

第九，欧洲的青铜器技术传自亚特兰蒂斯。

第十，字母原型传自亚特兰蒂斯。

第十一，亚特兰蒂斯是赛姆族、印度、欧洲诸族的祖先。

第十二，亚特兰蒂斯因大变动而沉没于海中。

第十三，少数居民乘船逃离，留下关于大洪水的传说。

亚特兰蒂斯是否存在呢？我们并没有拿出一个真正的物证来，甚至连亚特兰蒂斯大陆的确切位置还众说不一，有的说它在里海、在西班牙、在瑞典，也有的说它在北海、在阿拉伯，甚至在斯里兰卡……但大多数学者还是认为亚特兰蒂斯的确切位置是在大西洋中的马尾藻海及百慕大三角附近，通过一些实地考察也确实发现了一些迹象。

1968年，由迪米特·科比科夫与美国耶鲁大学教授芒松瓦朗坦领导的考察小组在巴哈马群岛的北尼米岛一带海底发现了巨大石群，这些石头是被加工过的，样子像是码头、城墙、门洞等，从一些长在这些石块上的树根化石判断，它们已经有约12000年的历史了，这又与亚特兰蒂斯传说有惊人的时间相似性。

1974年，苏联一艘考察船在大西洋底，拍摄了八张海底照片，照片清晰地显现出古代城堡、阶梯等遗迹。

地质学的考察也已发现安德罗斯海下，存在钟乳石和石笋，这种地貌仅在陆地上空气中，靠石灰水一滴滴地滴落上千年才能形成，由此再进行科学分析，从而推断出这里在1.2万年前曾是一片陆地，又给亚特兰蒂斯大陆曾存在于大西洋中的观点提供了进一步的论据。

究竟亚特兰蒂斯是否存在过呢？如今又在哪里呢？期待着人们进一步去探索。

诺亚方舟之谜

◉ ◉ ◉ ◉ ◉ ◉

在《圣经》里，"诺亚方舟"就是人类最后希望的象征，当6000年后的今天，人们在土耳其的艾亚特拉山发现了酷似方舟的巨大木船时，人类必须重新审视《圣经》中的每一个传说故事了。

根据《旧约·创世纪》记载：上帝看到人类越来越放纵不羁和不图进取，而且犯下了许多不能容忍的罪行，于是，想以一场特大的洪水来毁灭人类，重新创造一个新世界。当时，有个叫"诺亚"的人，勤劳正直，心地善良，上帝对他说："念你善良纯朴，与众不同，所以我决定帮助你和你妻子、你儿子、你儿媳。你要用歌斐木材造一个大方舟，带上各种动物，每种雌雄各7只，躲进方舟，然后天将连下40天倾盆大雨。"

诺亚花了很长时间才制作好这个方舟，方舟长为125米，宽为22.5米，高为16米，共三层，相当于现代1500千克级的船。

方舟制成后，诺亚及其家人和一些动物就躲了进去。不久，天上果然下起了大雨。大雨持续下了40天，地上的一切都被水冲走了，水势不断上涨，洪水逐渐淹没了高山的山顶，方舟在一片汪洋之中漂到了阿美尼亚的艾亚特拉山顶。诺亚首先放出了鸽子，看洪水后的世界怎样了，第一次，鸽子飞回来了，因为洪水还没有消退，鸽子无处停留；第二次，鸽子飞回来时，嘴里含着橄榄枝嫩芽，表明洪水已退，树上长出了新芽；第三次把鸽子放出去后，鸽子再也没有回来。诺亚一家及所带的动物便从方舟出来，重新改造洪灾劫后的世界，后人为了纪念劫后新生，便把鸽子和橄榄枝视为和平的标志，而诺亚所造的那艘方舟，便永远地停留在了五千多米高的艾亚特拉山上。

"诺亚方舟"的故事，流传至今，已足足6000年了。几个世纪以来，人们都在为有无诺亚方舟争论不休。其实，有无诺亚方舟倒并不重要，问题在于，如果这一显然带有神话色彩的传说是确有其事的话，那么，我们就必须用认真的态度来看待《圣经》中的每一个传说故事了。现代科学证明，诺亚方舟的故事发生的时期是第四纪多雨的大西洋期，那时极有可能会产生巨大洪水。

最早寻找诺亚方舟的是一些虔诚的基督教徒，但没有结果。后来，一些探险家也加入了这一行列，1792年、1850年、1876年，探险家们屡次登上阿美尼亚的艾亚特拉山顶，仍然一无所获。

艾亚特拉山位于土耳其东端，靠近伊朗，是一座海拔为5065米的活火山，山顶自古就被冰川覆盖。住在这里的阿尔明尼亚人将其称为"神山"，相信人若登上山顶会被上帝惩罚，故而长期以来无人敢攀登。

取得突破性进展是在1883年，当时，一次大地震使艾亚特拉山脉的一个冰川地段开裂了，据说开裂处露出了一条船。当时，有个赴艾亚特拉山区考察和评估地震灾情的委员会，委员会的所有成员都亲眼看到过那条大船，船身有12～15米高，因为木船有一大部分还嵌在冰川里，无法估计它的长度。

这一消息震惊了当时世界。

三十多年过去了，到了1916年。第一次世界大战期间，俄国飞行员罗斯克维斯基在执行侦察任务之后，沿着土耳其与伊朗边境飞回基地，当飞越艾亚特拉山上空时，他蓦然发现山顶上有一团青紫色的奇怪东西，极大的好奇心促使他急忙把飞机掉过头来细看，他惊讶地看到山上有一艘很大的船体，船的一侧还有门，其中一扇门已毁坏。他拍下了照片，回去后，把这件事报告给沙俄政府。政府马上派出两个连的兵力去寻找方舟。一个月后，士兵们找到了，并且进行了全面的测量，拍摄了大量的照片。方舟里有几百个房间，有些交叉的木块做成的大栅栏，这些房子前面还有一排排铁栓……

在此之后，尼古拉二世本打算派探险队考察，但由于十月革命爆发未果。此后，美国、法国一些探险家相继来到艾亚特拉山顶，但运气不佳，一无所获。1955年7月，法国的琼·费尔南·纳瓦拉带着儿子拉法埃尔登上艾亚特拉山顶，从冰川中找到方舟残片，带回一块木板，经西班牙、法国、埃及等国科学家研究，这是一块经过特殊防腐涂料处理的木板。经过碳-14测定，它的年代至少在4484年前。

虽然，有关诺亚方舟的发现时而传来，但是坚信此事为子虚乌有的科学家也大有人在。总结起来反驳者的观点主要集中于以下三点：

一、阿美尼亚的艾亚特拉山海拔为5185米，如果洪水真淹到山顶，有那么多的水，以后这些水怎么会不见了呢？即使说水全部渗入地下，也不会有那么快。

二、据《圣经》描述，方舟体积有43097立方米，这个体积不可能装下世界所有动物的雌雄各7只，何况还有大量的食物需要携带。

三、历史上如果真的经历过这么一场灾难，那么现在的地面不应该是这样子的。

尽管如此，方舟的探索者们仍然兴致勃勃，信心百倍，一个美国学者提议：将方舟从冰河内整个地发掘出来，搬入世界上最著名的博物馆中，供人们研究、参观或追忆往古。假如阿美尼亚的艾亚特拉山上真有这么一艘古船的话，理应如此。

英格兰巨石阵之谜

◉ ◉ ◉ ◉ ◉ ◉ ◉ ◉

巨石阵可能是史前世界最不可思议的奇迹之一，它们默默地在风雨中矗立了几千年，注视着人间的沧桑。几百年来人们一直百思不得其解的是：原始的人类怎样才能建立如此雄伟的巨石阵，目的何在呢？

著名的巨石阵遗址位于英格兰南部沙利斯伯里。石阵的主体是由一根根巨大的石柱排列成几个完整的同心圆。石阵的外围是直径约有90米的环形土岗和沟。沟是在天然的石灰土壤里挖出来的，挖出的土方正好作为土岗的材料。紧靠土岗的内侧由56个等距离的坑构成又一个圆，坑用灰土填满，里面还夹杂着人类的骨灰。这些坑是由17世纪巨石阵的考察者约翰·奥布里发现的，因此现在通常称之为"奥布里坑群"。坑群内圈竖着两排蓝砂岩石柱，现已残缺不全，有的只留下原来的痕迹。巨石阵最壮观的部分是石阵中心的砂岩圈。它是由30根石柱上面架着横梁，彼此之间用榫头、榫根相联，形成一个封闭的圆圈。这些石柱高为4米、宽为2米、厚为1米，重达2.5万千克。砂岩圈的内部是5组砂岩三石塔，排列成马蹄形，也被称为"拱门"，两根巨大的石柱，每根重达5万千克，另一根约1万千克重的横梁嵌合在石柱顶上。这个巨石排列成的马蹄形位于整个巨石阵的中心线上，马蹄形的开口正对着仲夏日出的方向。巨石圈的东北侧有一条通道，在通道的中轴线上竖立着一块完整的砂岩巨石，高为4.9米，重约3.5万千克，被称为"踵石"。每年冬至和夏至，从巨石阵的中心远望踵石，日出日没在踵石的背后，增添了巨石阵的神秘色彩。

石柱可能是史前世界独一无二的、最不可思议的奇迹之一。巨石圈有意识地正对着夏至——全年最长的一天的拂晓时太阳升起的方位排列。最大的巨石块重达5万千克，远古时代的人们是怎样把它们搬到现在的位置的呢？他们为什么要这么做呢？

从1950年开始，考古学家对英格兰巨型方石柱进行了发掘和研究。经过10年的发掘后，证实巨型方石柱历经一千多年才得以完成，它分为三个不同的阶段，而每一个

英格兰巨石阵

阶段都是浩大的工程。

发掘巨型方石柱后，经过碳-14的确定，专家们意外地发现：巨型方石柱约在公元前2700年时就已开始建筑。被早期学者认为是纯朴农夫的不列颠土著居民建造了巨石建筑，他们并没有获得埃及人或希腊人的协助，完成了叹为观止的建筑。

从现在看来，巨石阵的建筑规模和工程难度对于早期人类来说，简直是不可思议的。它的建成比埃及最古老的金字塔还要早700年，然而究竟是谁建造了这雄伟的巨石阵，现在仍然众说纷纭。

学者们的考察研究又掉入了迷洞。无奈，他们只能把巨石阵的建筑光荣给予了地球外的生物——外星人。

巨石阵真是外星人建造的吗？们们没有证据否认，也无证据肯定。

学者们除了苦恼于无法断定巨石阵的承建者是谁外，对巨石阵的用途也各说不一。

有学者认为巨石阵是远古时代的天文观测仪器，也有学者认为巨石阵是原始人狩猎的特殊装置，更多的学者认为巨石阵纯粹就是古人举行祭祀的宗教场所。

最早记载有巨石阵的《中世纪编年史》一书中，描绘了亚瑟王的谋臣梅林用魔法把巨石阵从爱尔兰移到英格兰作为墓地。学者们把巨石阵的石桌视为石棺，把高大直立的石条视为重大事件和人物的纪念碑。同时在空中俯瞰巨石阵时，能清晰地看出巨石阵是极有秩序地排列成了蜥蜴、鹰等动物的图案，谁又敢否认这些动物不是当时古人心中的图腾呢？

更有学者干脆把巨石阵视为一种文化，一种古人对巨石的崇仰与尊重。古人崇尚巨石般的坚毅与威猛，向往巨石般的牢固与结实，是古人对心中理想的完美垒砌。

哈拉帕文明毁灭之谜

印度的文明与埃及、西亚和中国齐名，沉睡了千年的哈拉帕古城展示了古印度文明的辉煌，然而它的毁灭却是突然的，印度史诗更是留下了可怕的记载，古印度文明难道真的毁于核大战吗？

印度是世界上最早走进文明社会的地区之一，可是，印度的文明曙光究竟是在什么时候才渐渐升起来的呢？

为了找到答案，许多考古学家不辞辛劳，在南亚次大陆上终年奔波。1922年，有一位考古学家来到了印度河下游的摩亨佐·达罗（今巴基斯坦信德省境内）。就像它的名字一样，这里是一片"死人之丘"，到处是荒凉的坟地和长满了荆棘的丘陵。其中一个小土丘上有座毫不起眼的佛塔，它历经了几千年的岁月沧桑，早已经残破不堪了。这位考古学家原来打算在这里挖掘一些关于佛教的文物。可当他在清理佛塔的基座时，却发现下面露出了一截古代城墙的墙基。后经大规模的发掘，一座在尘土下沉睡了千年的古代城市终于重见天日了。

三年后，在印度河的一条支流拉维河畔，又有一座古代城市——哈拉帕（今巴基斯坦旁遮普省境内）被人们发现了。到现在，"出土"的古城市和乡村的数目已经达到上了百个。这些建筑遗迹和遗物经过鉴定属于青铜器文化，存在年代为公元前3000——前2000年。因为这些遗址都在印度河流域，所以人们把它们称作"印度河文明"。

印度河文明的创造者也是一个追求美的民族。他们制作的红色陶器很特别，上面用黑色的颜料画着各种图案。画面虽然说不上精致，却洋溢着淳朴的生活气息。有的陶器上画着一只正给小山羊喂奶的母山羊，旁边还有一只母鸡；有的画着一个渔民扛着两张大网，边上有一只小乌龟正淘气地望着他；还有的画着一棵树，树上歇着一只叼着鱼的乌鸦，下面有一只狐狸，这显然是在讲"乌鸦和狐狸"的故事。

令人不解的是，这么宏伟繁华的城市，如此发达的文化，竟然在短时间内突然衰亡了。考古学家们甚至发现，其中有些城市几乎是在"一夜之间"就毁灭了。是谁毁灭了印度河的古文明呢？

最初有人认为，是后来印度的主人——雅利安人的入侵，毁灭了这个古文明。因为在摩亨佐·达罗的遗址中，人们发现了许多居民被杀、房屋被人为毁坏的迹象。但这个观点现在看来似乎站不住脚，因为早在雅利安人进入印度前几百年，印度河文明就已经毁灭了，这在考古学上有比较充分的证据。而且，在哈拉帕等其他遗址中，人们没有发现战争的痕迹。也有人认

为，是可怕的自然灾害毁灭了印度河文明。

生物考古学认为，在地球诞生至今的45亿年历史中，地球上的生物经历过5次大灭绝，生生死死，周而复始，最后一次大灭绝发生在6500万年之前。有人据此推断，20亿年前地球上曾经存在过高级文明生物，但后来遭到了毁灭，其罪魁祸首很可能是一场核大战。

这种说法乍听起来似乎是无稽之谈，但经过历史学家和考古学家的不断努力，却从文献记载和考古发掘中找到了很多有力的证据。

《摩诃婆罗多》是一部古印度史诗。据考证，该书所记载的史实距今至少有5000年。这本书中记载了居住在恒河上游的科拉瓦人和潘达瓦人、弗里希尼人和安哈卡人的两次战争。对于书中对这两次战争的描写，以前学者们一直以为是"诗意的夸张"，而以广岛和长崎两颗原子弹爆炸后，他们才恍然悟到，它们实际上是原子弹爆炸的目击记。

除印度外，有人在巴比伦、撒哈拉沙漠和蒙古的戈壁滩上都发

现了一些史前废墟，其中的"玻璃石"与今天核试验场中的"玻璃石"一模一样。

此外，苏联学者戈尔波夫斯基在《古代之谜》一书中说，他在古印度的德肯地区还发现了一具人体残骸，其放射性高出常态50倍。

现在，很多科学家都倾向于认为史前地球上曾爆发过核战争，但对于核武器是什么人使用的，核战争为什么会爆发等问题，却几乎是一无所知的。

世界上最早的地图之谜

马王堆三号汉墓出土了一幅绘在帛（丝绸）上的边长为96厘米的正方形地图。地图没有标注绘制的年代，但马王堆三号汉墓是公元前168年下葬的，此图绘制的年代当在此以前。据考证，该图大约绘制于吕后末年，即公元前180年左右，距今已有2000多年了。

这幅地图的方位为上南下北，与现在的地图上北下南恰恰相反。地图所包括的范围是东经111°~112°30′、北纬23°~26°之间，地跨今湖南、广东、广西三省，具体地点大致是今天广西全州、灌阳等地以东，湖南双牌县以南，广东连县以西，南至广东珠江口外的南海。地图有主区和邻区的明显划分：主区详细，邻区简略。主区是汉初诸侯吴氏长沙国的南部，即今

天湖南湘江第一大支水流域和九嶷山一带。邻区是汉初诸侯南越国的辖地，主区的比例大致为17万分之一至19万分之一，如果用当时的度量制计算，大约图上1寸相当于实地5000米，即为1寸折5000米的地图。邻区的比例大致为主区的3倍，地图的内容非常丰富，既有作为自然地理要素的山脉、河流，又有作为社会经济要素的居民点、道路等，而山脉、水系、居民点、交通网四大要素，正是现代地图的基本要素，所以，这应是一幅相当于现在的大比例尺的地形图。

地图绘制的水平很高，它已经作出了统一的图例。全图共有80多个居民点，分为两级，即县级8个，乡里级70多个。县级用方框符号表示，乡里级则用圈形符号表

示，同级符号也有大小的区别，这应是居民点大小不同的表示。用方框和圆圈区分居民点的行政等级，一直沿用到近几十年以前。地名注记在方框和圆圈之内，读者一目了然，不会混淆，现代地图采用小符号，只好把地名注在符号旁边，但在居民点稠密处，则容易误读。图中用直线或虚线表示道路，共有20多条，在县城之间以及重要乡里之间，均有道路相通，水道则用弯曲的或细或粗的均匀的线条表示，图中绘制了大小河流30多条，其中9条注明了河流的名称，有的还注记了河流的源头。把帛书地图与现代的地图比较，我们发现河流的骨架、河系的平面图形、河流的流向以及主要的弯曲均与今图大体相似。

2000多年前，中国地图测绘水平精确到如此程度，真叫人吃惊！图中山脉的画法很科学，它不仅用闭合的曲线表示山脉坐落、山体的轮廓，以及延伸方向，而且还用月牙形、柱形等符号表示山簇、山峰、山头、山谷等内容，尤其是九嶷山采用了类似现代等高线的画法。山脉的这些表示方法，比宋至明清地图采用人字形画法和山水画中山的画法要好得多。

从地图的内容看，这是一幅经过实地勘测的地图。但地图主区所绘的是一个万山磅礴、高山深水的地带，地形如此复杂，但地图比例的准确性很高，例如河系的平面图形、山脉的走向、城市的方位与现在同一地区的地图大体相似。2000年以前，人们绘出了如此高水平的地图，在世界地图史上是独一无二的。在时间上，也还没有发现比它更早的地图。所以，它是目前世界上现存最早的绘在绢帛上的地图。

它是什么人绘的呢？作用是什么呢？至今仍是难解之谜！我们期待着人们早日揭开谜底。

原始洞穴中的手印之谜

◉ ◉ ◉ ◉ ◉ ◉ ◉ ◉ ◉ ◉

在澳大利亚的许多原始洞穴中，有许多抽象的飞行器图形、简化的武器符号与人的手和手臂画在一起，岩壁上还能看到各种各样的人的手印。这些手印常能激起参观者的极大兴趣，却弄不懂其中代表的含义。经常有参观者向导游询问，这些手印真的很古老吗？它们是如何印上去的呢？原始人为什么要印这么多手印呢？这些手印说明了什么呢？

就连普通游客都能提出的问题，自然不会为专家们所忽略。经过多年研究，人们对这些原始洞穴中的手印之谜，已有了些初步的认识。按照专家对这些手印研究得出的结论，大致有以下几种说法：一是认为手印是创作洞穴岩画的原始艺术家留下的，作为一种个人的标记；

二是妇女和儿童印上去的，是一种游戏和审美的需要；三是婴儿的手印，成人将其印上，代表某种仪式；四是史前人类的一种自残行为，乞求神的帮助和怜悯；五是一种求子的巫术标记，向母神伸出请求之手；六是原始人的狩猎巫术，以手作用于称号化的动物；七是女性特有的符号，手印都是妇女印上去的，而手印旁边的一些点和短线则代表男性的符号。

上述几种说法，各有各的道理，但却很难统一，而人类学家关于图腾崇拜的解释，也许更有说服力。

澳大利亚的图腾崇拜在土著人中是十分流行的，特别是中部的土著居民，盛行贮存一种祖先灵魂的灵碑——珠灵牌，用木板或石板制成，被看作是祖先不朽而又能创造的精神实体。无论男女老少都有一块珠灵牌，死者的特性和灵魂就附在上面，一旦丢失就是最大的不幸。所以，珠灵牌成为每个人生命中最神圣的东西，一般由图腾酋长负责保管。当为了举行某种仪式，珠灵牌被从洞穴中挪走的时候，在这个洞穴的入口处，就要留下珠灵牌所有者的手印。与手印相关的习俗还有，某些土著人在结婚时，在神庙中留下左手印记，而在他死去的时候，则要在神庙中留下其右手印记。不知这一习俗是否与洞穴中的手印相关。

奇异的古画之谜

◉ ◉ ◉ ◉ ◉ ◉ ◉

　　1933年，驻扎在撒哈拉的一支法国侦察队在一个无名的峡谷中发现了大量壁画，后来人们通过对壁画的考察发现，画中记述的竟是1万年以前的景象。画上的人有一个巨大的圆头，厚重笨拙的服饰，只露两只眼睛，没有嘴巴和鼻子，与现代宇航员的形象十分相似。有人据此推测，这是一幅史前宇航图。无独有偶，在墨西哥帕伦克的墓碑中，有一幅刻在玛雅僧侣石棺上的

浮雕画，描绘了一个男人的形象。他俯身向前，双手握着一些把手或按钮，似乎蜷在一个飞行器中。一个火箭式导弹的头部上，雕刻着日、月、星。

　　至今在世界各地的古画中，类似于宇宙航行和宇宙飞船的还有很多，比如，非洲土著人保存的一幅图画，是描绘他们所信仰的神，驾驶着一艘拖着长长火焰的飞行器自天而降的场面。这究竟是土著人

苍老的断壁，奇异的古画，画中的飞船好似正要载着我们飞向那遥远的未知

的神，还是有着高级技术的智慧生命呢？另外，一个美国人在中国的西藏地区，也发现了一幅令他震惊不已的画。他说：这幅画上描绘着雪茄烟状的飞艇，飞艇水平地悬空系在一座圆锥形塔上。它为什么采取那种平的姿态及如何保持这种平衡，令我们大惑不解。那锥形物显然是用来上下飞船的，飞船的大小，大概与今天可容纳50多位乘客的喷气式飞机差不多。

在日本有一种陶制的蒙头小人雕像，因制作年代久远，被称为"陶古"。美国国家航空航天局科研人员经鉴定认为，这些陶古是一些穿着宇航服的宇航员，这些宇航服不但有呼吸过滤器、密封的衣帽、带缝的眼镜，而且有由于充气而膨胀起来的裤子。

一直以来，当我们面对一些不可思议的古文化遗迹时，常怀疑在古代一些地区的人们掌握了超乎我们常规想象力的能力，而这些古画中的神奇景象，是否可以作为佐证说明一些问题，也未可知。

古老文明神秘失踪之谜

●　●　●　●　●　●　●　●　●　●

印度河滋养了古老的文明。早在史前时期，印度人就在以哈拉巴和摩享珠达鲁等城镇为中心的广大乡镇中，创造了高度发达的农业文明。

印度人在这些城镇和村落里栽种小麦、大麦、甜瓜、椰枣、荨麻、棉花。人们在考古挖掘中，发现城镇里建造着巨大的谷仓，说明当时的人们有了相当多的余粮。可以想象，每当秋收时节，这些乡镇中香瓜甘果，飘着诱人的香味。妇女们在月夜里纺纱织布。

哈拉巴不仅农业发达，畜牧业也很发达。人们饲养着成群的牛羊，家家有羊舍牛棚。兴旺时的哈拉巴村落里，手工业工人在陶馆里制造着陶器，妇女们利用棉花织着柔软的棉布，牧人在草地饲养牛

羊，而农民们则在肥沃的土地上耕作，人们过着丰衣足食的生活。正是在这种情况下，人们才创造了文字，观察了天文，钻研了数学，创造了古代发达的文明。

但是，哈拉巴文明最终消失了。是什么原因使哈拉巴文明走向发展的终点呢？

有人提出过自然灾害说，认为是自然灾害给哈拉巴带来了灾难。

有人提出了内乱说，认为是哈拉巴文明内部的激烈冲突造成了极大的破坏，使哈拉巴文明急剧地衰落。

有人认为可能是异族的入侵。落后的异族人在战争中烧杀抢掠，造成极大的破坏。

而近年来，一些生态学家提出了生态恶化说，认为是生态的破坏

恶化了哈拉巴文明存在和发展的基础，从而使哈拉巴文明日渐衰落，造成了文明的中断。

生态学家们认为，哈拉巴土地上丰衣足食带来了人口的增加，人口的增加需要生产更多的粮食，需要开垦更多的荒地，需要更努力的耕作，放牧更多的牛羊。土地负载越来越大，人们种了一季又一季，收了一熟又一熟。土地得不到休息，肥料也得不到经常的补充，土壤的肥力在慢慢下降，它像一个过多地生育了儿女的妇人，贡献了过多的乳汁，渐渐地衰老了。人们不断地从它身上获取着粮食脂膏，而很少知道加以回报。原来肥沃的大地变得越来越贫瘠。

牛羊也不断地践踏着大地。它们到处采食着绿色的小草。随着土地越来越消瘦，植被不断减少，水草渐渐不能满足它们的需要，它们就吃树皮，吃灌木，吃草根。小草被吃光了，草根被吃光了，灌木被啃死了，树木的皮被啃光了，大地开始裸露出自己的胸膛。

更损害大地的是人们不当的耕作方法。哈拉巴文明产生于比较干旱的地区。这里的农业需要人工的灌溉。由于气候干燥，蒸发量大，人们灌溉后，水分蒸发了，大地上留下了溶解在水里的盐类，盐类不断地积累，土壤越来越盐碱化，土壤表面有了一层白花花的盐花，土地的生产能力也就日益下降。

土地瘦了，植被少了，风沙却渐渐多了起来。它们再也无力养活日益增多的人口。终于有一天，大自然向人类进行了严厉的报复。创造了哈拉巴文明的人们，背井离乡，放弃了祖祖辈辈生活的地方。沙漠的扩张，终于把这块文明的发源地掩盖了起来，直到后人从沙漠下重新把它们发现。

哈拉巴文明的败落究竟是什么原因，这有待于历史学家和生态学家进行各方面的考证。

编筐文化消失之谜

◉ ◉ ◉ ◉ ◉ ◉ ◉ ◉

阿纳萨齐人是美国西南部的古代居民。远在哥伦布踏上美洲大陆之前，他们就曾在以"四角"而著称的贫瘠地区，即犹他、科罗拉多、亚利桑那和新墨西哥州交界的地方，创造了高度的文明。

阿纳萨齐人作为一个编筐人的社会团休第一次出现在美国西南部，大约是在公元前100年。那时，他们的农业、技术以及工艺知

峡谷中波光粼粼的水波似在叙述着曾经的故事

识还很有限，但他们发展了杰出的编织技术，并在此后的数百年间，步入了一个以"编筐文化"著称的时期。公元400年左右，阿纳萨齐人开始居住在半地下的地穴式永久性住所里。他们的村庄扩大了，农业知识变得丰富了。他们在继续编筐的同时发展了制陶技术，成为美国西南部第一个制造各种形状和大小陶器的民族。

公元700年后，阿纳萨齐人创造了以"崖壁上的城镇和公共住所群"为象征的高度文明。其中，尤以位于新墨西哥的普韦布洛博尼托和位于科罗拉多的梅萨弗德著称。在普韦布洛博尼托所在的新墨西哥查科峡谷地区，他们曾建立了以一个或更多的公共住所建筑为特征的12个城镇，这些建筑物通常高达4～5层，用未经打磨的天然石头和泥灰浆建造，牢固而耐久。普韦布洛博尼托就是这些城镇中最著名的，它拥有占地约1.2万平方米的800套公共住所，其中许多至今仍巍然地屹立在崖壁上。阿纳萨齐人对建筑学和营造技术的贡献是无与伦比的，它不愧是印第安文化中的一颗璀璨明珠。

然而时至公元1300年，正当阿纳萨齐人达到其文明的顶峰时，突然开始衰落了。究竟是什么原因导致他们衰落，谁也难以弄清楚，以至成为万古不解之谜。学者们为此进行了多方探讨，提出了种种假说。有的说是由于人口过剩；有的说是外敌入侵所致；也有的说原因在于1276～1297年袭击美国西南部的大旱，因为阿纳萨齐人没有精心设计灌溉系统，完全靠天吃饭，大旱使他们遭害严重，不得不向北或向南迁徙。由于这些各执一词的假说至今仍缺乏有说服力的证据，因此很难得到大家的公认。争论也许会继续下去，它无疑会有助于弄清问题的真相。

史前采矿业遗迹之谜

◉ ◉ ◉ ◉ ◉ ◉ ◉ ◉ ◉

考古学家发现了许多至今都无法解释的古代文明。如，1968年，苏联考古学家科留特·梅古尔奇博士在亚美尼亚加盟共和国的查摩尔，发现了一个史前冶金厂遗址。考古界一致认为，这是迄今为止所发现的最大、最古老的冶金厂——至少有5000年的历史。

在这里，某未知的史前民族曾用两百多个熔炉进行冶炼，生产诸如花瓶、刀枪、戒指、手镯之类的产品。他们冶炼的金属有铜、铅、锌、铁、金、锡、锰等。冶炼时，劳动者还戴手套和过滤口罩。最令人赞叹的要算是钢钳了。据化验，此钢的品位由苏联、美国、英国、法国和德国的科学研究机构共同作出的。法国记者维达在《科学与生活》杂志中写道："这些发现

表明，查摩尔是人类早期文明的有识之士所建造的。他们的冶炼知识是从我们尚不知道的遥远的古代继承下来的。此知识堪称'科学'与'工业'。"1969年和1972年，在南非期威士兰境内，人们发现了数十个旧石器时代以前开采红铁矿的矿址。在非洲雷蒙托的恩格威尼坦的铁矿，在43000年前就曾被人们开采过，这是用科学方法测出来的。

在美国密歇根州的罗雅尔岛，美国考古学家发现了史前铜矿井——连当地印第安人都不知此矿井始于何时。有迹象表明，史前的矿业已开采了数千吨铜矿，但矿井所在地找不到有人在该处久住过的痕迹。看来史前人类不但拥有采矿的工具和技术，而且还能将铜矿运到遥远

的地方——在离矿井1000英里的范围内，人们未曾开采或使用过铜矿。

最奇怪的要算是美国犹他州"莱恩煤矿"矿工的发现了。1953年，该矿的矿工们在采煤时，竟挖出了早已有的坑道，在当地的采煤史上找不到记载。里边残存的煤已氧化，没有商业价值了，可见其年代的久远。1953年8月，犹他大学工程系和古人类系的两名学者在此作的调查表明，当地的印第安人从未用过煤。与密歇根的铜矿情形一样，这些史前的矿工也拥有采煤和将煤运至远处的手段和技术。

至今仍受到地质学家和人类学家重视和研究的一批远古矿场，发现于法国普洛潘斯的一个采石场的岩层中。1786—1788年期间，这个采石矿场为当地重建司法大楼提供了大量的石灰岩。矿场中的岩层与岩层之间都隔有一层泥沙。当矿工们挖到11层岩石时，在这层石灰岩下面，又出现了一层泥沙。矿工们清除泥沙时，竟发现里面边有石柱

残桩和开凿过的岩石碎块。继续挖下去，更令他们惊奇的是发现了钱币、已变成化石的铁锤木柄及其他石化了的木制工具。最后还发现一块木板，长为2.5米，厚为25米厘米。大木板同其他木制工具一样已石化，且已裂为碎片。碎片拼合后，正是一块采石工人用的木板，与现在所用的一模一样。

15米深处有数亿年历史的泥沙和石灰岩下，怎么会埋藏有类似近世纪采矿工具的化石文物呢？这个问题在今天比在发现之时更令人费解。

史前采矿业及其他不明遗迹现象，以越来越多的考古学上的新证据向人们表明，文明史的起始时间须极大地向前推移。然而这种文明却未能延续下来，以至留下了空白。是否可以这样推测：我们所经历的文明只是已经毁灭的文明的重建与重现。真正的文明史到底是怎样的情况呢？

金字塔之谜

◉ ◉ ◉ ◉ ◉

金字塔是古代文明最不可思议的遗迹之一，它就是一座巨大的谜团宝库：谁建造了金字塔，为何它蕴含着如此多的科学含义？它是怎样建成的？墓道石门后到底藏着什么？

在古代世界有"七大奇迹"，埃及的金字塔被誉为"七大奇迹"之冠，其中最为壮观的一座叫"胡夫金字塔"，它建于公元前2600年左右，高约146.5米，塔基每边长232米，绕一周约1千米，塔身用230万块巨石砌成，平均每块重2.5吨，石块之间没有用任何粘着物，而由石与石相互叠积而成，人们很难用一把锋利的刀片插入石块之间的缝隙，时近5000年，经历了多少个世纪的风风雨雨，它仍傲视长空，巍峨壮观，令人赞叹！

胡夫金字塔耸立于开罗以西10千米外的吉萨高原。那儿荒沙遍地、碎石裸露，是一片不毛之地。在这种地方修筑这样一座显然并非出于实用目的的建筑，设计者的目的究竟是什么呢？据研究，这座金字塔可以在风沙弥漫中，继续存在10万年而不会损坏，这个时间结束以前，人类文明可能已经不复存在。

令专家们不可思议的是建造这座金字塔需要多少劳动力呢？据估计，建造金字塔时埃及当时的居民必须是5000万人，否则难以维持工程所需的粮食和劳力。当专家翻开历史的册页时，便发现问题更难以让人理解了，公元前3000年，全世界的人口只有2000万左右。

令人迷惑之处还在于古埃及人用什么运载神殿所需的巨大石料。

传统的看法认为，古埃及人利用滚木运输，这种最原始的办法，固然能将庞大的石料运抵工地，但滚木需要大树的树干才能做成，尼罗河流域树木稀少。在尼罗河岸分布最广、生长最多的是棕榈树，但古埃及人既不可能大片砍伐棕榈树，而且质地松软的棕榈树干是无法充当滚木的。因为棕榈树的果实是埃及人不可缺少的粮食来源，棕榈树叶又是炎热的沙漠中唯一可以遮阳的材料。大规模砍伐棕榈树，埃及人等于在做自杀的蠢事。

那么，埃及人很可能从域外进口木材？提这样设想的人并没想到，从外地输入木材就意味着古埃及人拥有一个庞大的船队，渡海将木材运抵亚历山大港后，还得溯尼罗河而上，将木材转运到开罗，从开罗装上马车送到工地。且不说4500年前埃及人是否拥有庞大的船队，光说陆途运输的马车，还是在金字塔建成后的900年，才出现在埃及的土地上。

如果说到底是谁建造了金字塔令我们迷惑不解的话，那么，金字塔本身涵盖的科技知识的广博更令我们赞叹不已！

因为金字塔与天文学、数学有着一种现代人难以理解的联系。

建造大金字塔的目的在于为整个人类确定了一种度量衡体系。

大金字塔的长度单位是根据地球的旋转大轴线的一半长度而确定的，即大金字塔的底是地球旋转大轴线一半长度的百万分之十；这座大金字塔同时确定了法寸的长度与公亩的边长；人们可以从中找到1寸的长度，它与普鲁士的古尺相等；大金字塔的重量单位或容量单位是以上述的长度单位与地球的密度组合而成的；大金字塔的热量单位是整个地球表面的平均温度；时间单位与一周7日的分法也在其中得到了体现；大金字塔为希伯来人所建，希伯来人生活在受神灵启示的时期和古代父系制时代。

另外，大金字塔内那间陈放法老灵柩的墓室，其尺寸为比例2：5：8和3：4：5，这个数字正好是坐标三角形的公式。公式发明人是古希腊的哲学家毕达哥拉斯。而毕达哥拉斯诞生时，金字塔早已建好2000年了。

还有，大金字塔的选址更颇有意味——子午线正好从金字塔中心穿过，也就是说，它坐落在子午线的中间。这似乎可以窥见金字塔的建造者，为什么要选在沙漠中这块独特的岩石地带作为塔址。这片岩石地带有一道V字形的天然裂缝，正好利用它来建造巨大的陵墓。而且，金字塔坐落的地方，正好可以把陆地和海洋分成相等的两半。不是对地球构造、陆地和海洋分布了若指掌的人，是不可能选择这里作为塔址的，而古埃及法老们有这个能力吗？

最近，在埃及更有惊人的发现，考古学家称金字塔内藏有外星人或生物。保罗·加柏博士与其他考古专家对埃及金字塔的内部设计技术进行研究时，偶然发现塔内密室中藏有一具冰封的物件，探测仪器显示该物件内有心跳频率及血压显示，相信它已存在5000年。专家们还认为，冰封底下是一具仍有生命力的生物。科学家们又据该塔内发现的一卷用象形文字记载的文献获知，约距今5000年前，有一辆被称为"飞天马车"的东西撞向开罗附近，并有一名生还者。该卷文献称"生还者"为设计师，考古学家相信这外太空人便是金字塔的设计及建造者，而金字塔是作为通知外太空的同类前往救援的记号。但令科学家们迷惑不解的是，那外太空人如何制造了一个如此稳固、不会溶解的冰格，并把自己藏身于内的呢？一般读者也许对如何唤醒这个冰藏外星人更感兴趣。

木乃伊的心脏起搏器之谜

◉　◉　◉　◉　◉　◉　◉　◉　◉　◉　◉　◉　◉

在埃及卢索伊城郊外，曾经出土过一具奇特的木乃伊，在人们将其抬出墓穴，准备进行初步处理的时候，这具木乃伊竟然发出了令人难以置信的心跳声。正准备把它进行初步处理再交由国家文物部门收藏的工作人员都惊呆了。

最初发现这件事情的是一名参与处理工作的祭司，这位祭司在祈祷的时候似乎觉得这具木乃伊存在着某些与众不同的地方。

在对眼前的木乃伊进行了仔细检查后，他才发现从这木乃伊体内发出了一种奇特的有节律的声音。这种声音虽然微弱，但是却非常明显。被吓坏了的工作人员屏住呼吸，循着声音找去，才发现声音来自木乃伊心脏的位置上，仿佛是心脏跳动时所发出的声音。

难道是多年前的死者的心脏还在跳动吗？

不！跳动的不是它的心脏，而是心脏中的心脏起搏器，这是开罗医院的专家们解剖了尸体后发现的。那是一个黑色的心脏起搏器，它仍然非常有节律地跳动着，每分钟跳动80下，做解剖的医生惊呆了。

接着，他们利用先进的仪器对其进行了测试，发现这一起搏器是由一块黑色的水晶制造的。由于黑色的水晶含有放射性物质，故而它能凭借自身的能量在那里不断地跳动。

医院将他们的这一重大发现公布于众，同时又将这具起搏器重新安放到木乃伊体内，任由人们前来参观。众多的考古学家、电子学家都被这一惊人的消息吸引住了，他们从世界各地纷纷赶到开罗医院，参观了这具身装心脏起搏器的木乃伊。

这块黑色的水晶来自何方？世界上的确有许多水晶，不过，我们所见到的只有白色和少数的浅红色或紫色的三种，而从未有人见过黑色的水晶。难道它来自另一个星球吗？这个问题没有人能解答出来。

另一个问题同样让人哑口无言：在2500多年前是什么人能懂得这种黑水晶含有放射性的物质，而这种物质可以使心脏保持跳动呢？

作为心脏起搏器，它一定是在人活着的时候被安放到人体内，以协助人的心脏工作的。这就要求古埃及具备这种医学条件，那么当时的人们是如何将这个起搏器放入人的胸腔里去的呢？专家们也无法解释。

金字塔中的壁画有太多的谜团，黑色水晶的秘密隐藏在深处

玛雅文明消失之谜

◉ ◉ ◉ ◉ ◉ ◉ ◉ ◉ ◉

世界上恐怕再也不会有第二种人会像玛雅人那样把自己掩藏在密林之中了，也再不会有第二种文明会像玛雅文明那样消失得如此神秘。金字塔、石柱、超乎寻常的运算能力和高超的建筑科学都使得玛雅人显得如此聪睿与多才。可是，这样一个民族，这样一种文化竟然在不留任何迹象的情况下从人们的视野中消失了，究竟是什么原因导致了这一切呢？

1510年，哥伦布在他的第四次航海中，就曾遇见乘坐独木舟的玛雅商人。玛雅人给他的印象与印第安人截然不同，玛雅人彬彬有礼，不过，在玛雅人看来，西班牙人就像一群魔鬼一样，给他们带来的只是不幸和哀伤。

从16世纪初起至20年代，艾南·哥迪斯率领其部下先后征服了玛雅文化圈中的墨西哥、危地马拉和伯利兹。随后，西班牙人就将这些已占领的土地作为他们的殖民地，并让玛雅人成为他们的奴隶，与此同时，他们给玛雅人带来了天花、结核等疾病和厄运。天主教的神父们也同时进行着破坏玛雅文明的活动。

最初发现玛雅文明遗迹的是史蒂芬斯和嘉乌德两人，在他们后来发表的两册玛雅旅行记中，对玛雅进行了详尽的描述，他们的某些发现震撼了欧洲学术界。

根据他们的研究，迪卡尔、瓦塞克顿、佩兰科等是玛雅遗迹的突出代表，这些地方留有大规模的金字塔神殿、刻着雕刻的石柱、球场、宫殿等遗迹。不过，至今为止，人们还不知道他们是从哪里学的那么高超的建筑技巧的。而且，玛雅人还拥有精密的历法，会用包含零的数字、以20进位法计算及创造复杂的象形文字。既然他们拥有如此高超的技术，那么他们为什么放弃了这些都市，又去了哪里呢？

后来，人们在离玛雅文明不远的百慕大海域海面下发现了金字塔，于是有人大胆地猜测，玛雅人去了海里。这种猜测当然骇人听闻，因为，假如玛雅人能在海底生活，为什么我们就不能呢？

迪卡尔是"玛雅最古老的都

神秘的玛雅人将自己笼罩在神秘的面纱下，只留下了一段古老的残垣断壁

市"，然而现在却沉眠于危地马拉北部贝田密林中了。这里有一块神奇的"时间石碑"，上面刻有最古老的日期292年和最新的日期879年。可想而知，这期间的600年应该是迪卡尔文明的昌盛时期，而879年又显然是迪卡尔文明消失的时间。与此同时，其他的18座密林都市也都突然消失了。遍寻玛雅各处，人们找不到任何战争的痕迹，这说明战争并不是玛雅文明消失的原因，也没有其他的可供猜测的迹象可以表明这里发生过什么突然事故，玛雅人的消失如烟雾一样飘缈无影，既未留下文明的继承者，也未留下任何传说。

尽管今天仍有200万以上的玛雅人后裔居住在危地马拉低地以及墨西哥、伯利兹、洪都拉斯等处。但是，这些人与玛雅文明根本就毫无关系。那么，玛雅人到底去了哪里呢？

海底金字塔之谜

◉ ◉ ◉ ◉ ◉ ◉ ◉

一位美国海军上校曾经在百慕大三角区海底发现了一座巨大的金字塔。当时许多人甚至包括他本人，都不太愿意相信这是真的。不过，来自精密仪器的所有数据证明，不管人们对此采取什么样的态度，这种发现都是绝对没有错误的。声呐探测装置上清楚地显示出这座金字塔位于360米的海面之下，其高度约为230米，边长为300米。

1977年4月7日，法新社发布的一则电讯证实了这个发现的真实性。这则电讯称，科学家们在百慕大三角区的海底，发现了一座比埃及胡夫金字塔还要大的金字塔。

人们实在很难接受这种现实，因为它太神奇了，神奇得让人根本就不相信它是真的。百慕大三角区海域本来就是一个凶险和谜团众多的地方，历史上有无数的船只、飞机和人在那里神秘地失踪了，各种科学猜测纷纭而出，突然再从这里冒出一座金字塔来真是太让人惊奇了。

就在这件事发生前不久，人们还猜测百慕大三角区海底深处，有一股极强的磁力，可以使船只、飞机的罗盘失灵。而这个海域的南部就是失踪的玛雅文明所在地，所以人们很容易想到百慕大三角区海水下面会掩埋着玛雅文明的某些神秘之物，一个最骇人听闻的猜测就是玛雅文明时代的原子核废料的堆积场就在这片海水下面。

有这些猜测作铺垫，人们似乎还能接受金字塔存在于海底的事实。相关研究表明：在金字塔的四周是平坦的海底，没有火山喷发过的痕迹。这表明金字塔并非火山口，不是自然形成的建筑，而是一座人工建筑。这种说法听起来很玄，从理论上说是根本不可能的。因为以现代科技能力来说，要在360米以下的海底建造如此之大的金字塔，也是不可能的，况且它又何必修建在海底呢？

于是有人提出另一种假想：金字塔的确是人类所建，不过建成之后经历了一次陆沉事件，于是就深埋海底了。科学家们尽管觉得它有一定的道理，但是不敢贸然接受这样的一个结论，因为仅在短短的数千年中，这块陆地是不可能"沉入"得那么深的。假如说这块陆地的下面是一块巨大的海底盆地的话倒有可能，遗憾的是，金字塔四周非常平坦。

看来，海底金字塔之谜真是难解，也许要等到人们从埃及金字塔上的文字中解读出些许线索才有可能解开这个谜了，可是谁又能确定陆地上的金字塔之谜不需要海底的金字塔提供更多的启示呢？

坐卧在海底的巨大金字塔，是否可以帮人们揭开众多的谜团

神秘的美洲金字塔之谜

美洲金字塔主要分布在墨西哥和中美洲的危地马拉、洪都拉斯，其中最出名的包括墨西哥的太阳金字塔、月亮金字塔、奇钦·伊察金字塔、乌斯玛尔金字塔、帕伦克金字塔和危地马拉的蒂卡尔金字塔、洪都拉斯的科潘金字塔。和埃及金字塔不同，这些金字塔多数并非国王的墓穴，也不是空心的，而是古代僧侣、贵族们用来举行祭祀和盛大典礼的地方；相同的地方是，它们一样雄伟壮丽，规模宏大。

看着这些金字塔，人们不禁要问："这些美洲金字塔，究竟建造于什么年代，和著名的埃及金字塔究竟有何联系呢？它们之前有何异

在美洲大陆上，另类的金字塔又是一个谜，难道它只是一处临摹的作品

同呢？"

关于这个问题，从美洲金字塔被发现以来，就一直有着两种不同的看法：一种认为两者毫无联系，只是人类才智在不同地点和时期的"撞车"。理由是，首先两者虽在外形上有所相似，但有着截然不同的用途：埃及金字塔最早建于公元前27世纪的第三王朝，相传有一位受人尊敬的法老叫"奥西里斯"，被弟弟赛特篡权并杀死，尸体被分成14块，扔到各处。后来奥西里斯的儿子成年后为父亲报了仇，并将父亲尸体的碎块拼凑起来，做成了"木乃伊"，接着在神的帮助下，奥西里斯复活了，还当了阴间的法老，专门审判死人，保护人间的法老……此后埃及历代法老都在死后被做成木乃伊，并渐渐形成了用金字塔作为墓穴的习俗。而美洲金字塔则是由古代印第安人在祭神的过程中发展出来的，他们信奉各种自然神，并喜欢登上高山之巅祭祀，因为那里离天更近。而平原地区的印第安人就习惯用土丘代替高山，久而久之就形成了今天祭祀用的实心金字塔。更重要的是，古代非洲大陆和美洲大陆相隔甚远，在此种情况下，金字塔文化是很难被互相传播的。

而持另一种说法的人也有反驳的理由：伊凡·范瑟提玛在《哥伦布以前到来的人们》一书中指出，埃及人曾于公元前800~680年间同美洲人接触过，金字塔被传播过来是极有可能的。

这恐怕又是一个争论不休的问题了。

示巴王国消失之谜

据《旧约·列王记》和《历代志》记载，示巴王国是存在的。在《旧约·列王记》第十章和《历代志》第九章中有这样一段记载：公元前10世纪中叶，当以色列王国在国王所罗门治理下，国泰民安、兴盛至极的时候，异国君主示巴女王因仰慕所罗门的智慧和声名，在庞大扈从队的陪同下带着香料、宝石和黄金，浩浩荡荡地抵达耶路撒冷，拜见以色列国王。

她向所罗门表示敬意，献上厚礼，并提出一些难题让对方回答。所罗门机智地作了解答，更使女王羡慕不已。

关于示巴王国及示巴女王的传说还有很多。在埃塞俄比亚，流传着这样一种传说：传说所罗门对示巴女王一见钟情，无奈女王却对他无意。后来，所罗门设计引诱，逼迫女王与其成婚，所罗门的目的达到了，示巴女王还在婚后生下了一个名叫曼尼里克的儿子。这个孩子随示巴女王去了，长大后，曼尼里克到耶路撒冷拜谒他的父亲，所罗门于是把他封为埃塞俄比亚的第一代皇帝。

埃塞俄比亚人深信这个传说是真的，直到这个非洲古国的末代君主——著名的海尔·塞拉西老皇帝在位时，他还以自己是示巴女王和所罗门的嫡传后裔而自豪呢！

这些传说看来并非空穴来风，那么示巴王国和示巴女王是否存在呢？

实际上，历史上的确存在这么一个示巴王国。经过考察，人们已初步断定《圣经》中提到的示巴王国位于濒临红海的阿拉伯半岛西面，也就是在现今的阿拉伯也门共和国境内。

公元前10世纪，示巴王国兴盛一时，在古代东方的发展史上起过非常积极的影响。

示巴王国的海上交通非常发达，它紧靠当时的通商要道红海，这一地理优势使得它与红海相接的以色列、埃及、埃塞俄比亚、苏丹等国家结成了密切的贸易关系，于是很自然，在产品交换过程中，示巴王国一直处于十分优越和有利的地位。

示巴王国有另一个非常有利的地理优势，它可以利用红海的季风与远东和以色列等国进行商业交往。据说，在很早的时候，示巴商人就已经会利用红海的季风之便远洋航行了。

每年2—8月海风吹向远东时，他们便加大对这个地区的贸易运输量。等到8月以后海风回吹时，他们又溯红海而上与以色列和埃及交往。长期以来，他们保守着这个季风的秘密，直至公元1世纪时希腊人才发现。

示巴的陆路贸易也很发达，阿拉伯半岛和希伯来的广阔地带上都曾经活跃过示巴王国的骆驼商队。

示巴王国的首都是马里卜，这座城市位于阿拉伯也门共和国的东部，现在这个城市依然沿用着古代名称。

公元前1世纪，希腊史学家奥多载斯曾经形容过马里卜，说它是一个用宝石、象牙和黄金做艺术品装点起来的城市。马里卜故去的华美、繁荣从中也可窥见一斑了。

从传说中我们还得知，马里卜建有一个规模巨大的蓄水坝。水坝都用大石块铺砌，石块之间密接无缝，这些是示巴人民以高超的建筑和工艺水平建成的。

据说，这座水坝对马里卜和周围广大地区人民的生活和生产起到了防范洪水冲击和提供灌溉系统的良好作用。这座水坝维持供水达12个世纪之久。公元543年，因年久失修而塌陷。

水坝遗址已经被发现了，古老的历史传说因之有了丰富的生命力。人们还在马里卜郊外沙丘上发现了一处设计奇巧的建筑废墟，考古学家们证实它是公元前4世纪所建的"月神庙"，当地人把它称为"比基尔斯后宫"，而"比基尔斯"是他们对示巴女王的称呼。

今天人们在埃塞俄比亚也发现了那里有着同也门境内相似的月神建筑遗址，这说明了示巴文化对邻近各国曾有着广泛和重要的影响。

当然，到今天为止，人们仍然只能从传说的点点滴滴中去寻找示巴王国和示巴女王的影子。至于示巴王国是怎么神奇地从地球上消失的，到现在，仍然是一个无法解开的谜。

克里奥帕屈拉死亡之谜

◉ ◉ ◉ ◉ ◉ ◉ ◉ ◉ ◉ ◉ ◉

很难理解克里奥帕屈拉为何在埃及能够受到这样的爱戴，和她非常相似的是中国的武则天，但后者显然口碑并不怎么好，或许是由于文化上的差异。千百年来，关于克里奥帕屈拉的各种传说以及文学作品多如牛毛，而美国好莱坞早年拍摄的《埃及艳后》（伊丽莎白·泰勒主演）更是让克里奥帕屈拉这个形象深入人心。和许多有重要影响的人物一样，克里奥帕屈拉死后，也留下了众多的不解之谜，其中最让人津津乐道的莫过于女王死亡之谜了。

公元前31年，屋大维率大军进攻埃及，讨伐"背叛并出卖了罗马"的安东尼。结果，在亚克兴，克里奥帕屈拉率领的舰队大败而归，她最终背弃了安东尼，逃回了亚历山大城。此后安东尼也战败自刎，罗马军队攻破埃及，女王也成了阶下囚。屋大维攻破城池后，并没有想杀死女王，反而专门派人监视以免她自杀，可即使在这样严密的看护下，克里奥帕屈拉还是在不久以后死在了她秘密建造的墓地里。

关于克里奥帕屈拉的死，历来就有不同的说法，有人说女王是派人偷偷在装满无花果的篮子里藏了毒蛇，然后让毒蛇把自己咬死的，也有人说她是用一把小锥子刺死自己的，还有人说这样的说法都不可靠，并说在她的身体上找不到任何的咬伤或者刺伤的痕迹。不过持这几种说法的人，都同意一个前提，那就是，克里奥帕屈拉的的确确是自杀的。

那么，女王究竟是用什么办法

自杀的呢？

到目前为止，比较权威的说法是，女王用藏在装满无花果的篮子里的毒蛇自杀的。相传屋大维攻占亚历山大城后，为女王的美貌所震惊，于是决定将她带回罗马。而这一切她当时是不知道的，她还企图和屋大维谈判，要求由自己的孩子继承埃及王位。这时，屋大维手下有一名叫道拉培拉的部将，很同情她的遭遇，便偷偷把真相告诉了她。这时，克里奥帕屈拉万念俱灰，便打定了自杀的主意。

此时的克里奥帕屈拉已经完全没有了自由，因为凡是接近她的人和东西都要经过检查，于是她命仆人偷偷地将毒蛇藏在装有无花果的篮子里，送给自己。同时写了封信让人交给屋大维，请求要和安东尼埋在同一个墓穴中。当屋大维看到这封信时，为时已晚，女王已经安然离开这个世界，死在了安东尼的身边。

当然，以上的说法，史书上多有记载，而她的医生也说"她的手臂上确实有两个不太明显的伤疤"，这应该是比较可信的。

美丽的女王，几经沉浮，豪华的宫殿内到底隐藏了她的多少秘密

居鲁士死因之谜

居鲁士是古代波斯阿黑门尼德王朝的创立者。他曾率领波斯人反抗米底贵族的统治，推翻米底王国，并征服了西亚和中亚广大地区，为世界上第一个地垮亚、非、欧三洲的大帝国——波斯帝国的建立奠定了基础。他在位29年（前558～前529），但最后究竟是怎样死去的，却始终是个历史之谜。

据古代希腊历史家希罗多德的记载，居鲁士在占领巴比伦之后，转而向西北进军，以图降服中亚的游牧民族。他率军渡过阿拉克斯水（今药杀水），同马萨革泰部落交战。波斯人最初取得重大胜利，马萨革泰女王托米丽斯的儿子被俘后自杀身亡。但马萨革泰人"是一个勇武善战的民族"，托米丽斯集合自己所有的军队，诱敌深入，使波斯军遭到惨败。希罗多德说，这是"蛮人"（非希腊人）所进行的"最激烈的一次战争"，波斯军队大部分战死，居鲁士本人也战死在疆场。战斗结束后，托米丽斯为报子仇，用革囊盛满人血，然后在波斯阵亡者的尸体中间找到居鲁士的尸体，将其首级割下放在她那只盛血的革囊里，愤然地说："把你的头用血泡起来，让你饮个痛快吧！"希罗多德认为，关于居鲁士之死的种种说法中，此说"最为可信"。后来的多数古典作家，如斯特拉波、阿里安等，大抵都持此说。

除希罗多德所最信的这一说法之外，古代还有其他一些有关居鲁士之死的不同的说法。

一种说法也认为居鲁士是在

战斗中阵亡的，但与其作战的对方不是马萨革泰人，更谈不上居鲁士的头颅被马萨革泰女王浸在血中一事。根据巴比伦僧侣贝洛苏斯关于巴比伦的历史著作，居鲁士是在同斯基芬人达赫（意为"掠夺者"）部落作战中阵亡的。希腊作家克捷西的《波斯志》则认为，居鲁士最后的一次战斗是反对印度边境上的德比克人的。克捷西说，德比克人的国王阿摩拉欧斯同印度人结盟，其军中有大象，印度人站在他们的一边。在这次战斗中，一位印度人用矛刺中了居鲁士的肝脏，三天之后，居鲁士便因此致命的创伤而死于波斯军营中。当时，斯基芬人阿谬尔吉部落则站在波斯人的一边，其国王阿摩尔格闻讯曾率领2万骑兵赶来援助。经过激烈的战斗，波斯方面最后战胜了德比克人。

另一种说法则完全否认居鲁士是战死的。色诺芬在其所著《居鲁士的教育》中，就曾说居鲁士在首都自己的家里"和平地终其天年"。

此外，据一些古典作家记载，阿黑门尼德王朝的最早的都城帕萨尔加德有居鲁士的陵墓。克捷西也说过，居鲁士的尸体曾由其子冈比西斯派大臣巴卡帕特护送回波斯埋葬。这也与希罗多德的说法产生了矛盾。

鉴于以上种种互相矛盾的说法，近代以来，学者对希罗多德关于居鲁士的最后出征及死亡情况的描述，大多持不同程度的怀疑态度。有的虽然全部引用希罗多德的叙述，但又指出"其真实性有些可疑"。有的只提到居鲁士是在同马萨革泰人的战斗中死去的，对于马萨革泰女王将居鲁士的首级浸在血中一事，或者矢口不提，或者说它仅是希罗多德著作中保存下来的"中亚细亚的一个传说"。

苏联学者丹达玛耶夫在《阿黑门尼德王朝初期的伊朗》一书中，则倾向于希罗多德的记述。

丹达玛耶夫首先对贝洛苏斯和克捷西的说法提出质疑。他认为，贝洛苏斯是生活在公元前3世纪前半叶的人，而在其之前很久，达赫人已经取代了马萨革泰人在历史舞台上的地位，这就可以解释他为什么把居鲁士的敌人称作达赫人。克捷西为什么确信波斯人最后战胜的是德比克人呢？丹达玛耶夫说，这是"源于波斯的官方传说，它总是力图把波斯人的失败冒充为胜利"。丹达玛耶夫又说，克捷西之所以作出错误的判断，还因为他相信德比克人居住在印度的边境，而实际上他们却是与基尔卡利伊人为邻的。一些古典作家之间的分歧，主要在于究竟是怎样的部落使居鲁士招至失败的问题，因此也可以作出这样的解释：德比克人常常是马萨革泰部落的强大的同盟者，在克捷西的时代，他们的声誉远胜于马萨革泰人，故克捷西相信居鲁士是和德比克人作战的。

对于色诺芬的说法，丹达玛耶夫也提出了质疑，他说："不应忘记，色诺芬力图把居鲁士塑造为一种理想化的代表人物，为此目的，他不惜直接曲解历史事实，尽管这些事实对他来说是一目了然的。"

中国有的学者兼采希罗多德和克捷西的说法，认为居鲁士可能是在同马萨革泰人的激战中，"身负重伤，三日后死于营中"。

居鲁士究竟是战死疆场，抑或是"和平地终其天年"？

如果说是战死的，那么又是同谁作战时阵亡的呢？看来，这仍是历史的悬案。

冈比西斯自杀之谜

◉ ◉ ◉ ◉ ◉ ◉ ◉ ◉ ◉ ◉

公元前522年，波斯国王冈比西斯在从埃及返回波斯途中突然"自死"身亡。冈比西斯是否"自死"？怎样"自死"？死于何处？这些在历史上仍是疑团。

古埃及人说，冈比西斯是因刺杀了埃及神牛"阿庇斯"，遭到神的"报复"才死去的。

古代埃及实行多神崇拜，他们认为牡牛都是属于阿庇斯神的。在敬事农业的古埃及人心目中，阿庇斯是最伟大的一位女神，他们举行最隆重的节庆，以健壮的牡牛和牡牛犊来奉祀这位女神。当冈比西斯溯尼罗河而上远征埃塞俄比亚人失败，从底比斯返回孟斐斯时，埃及人正在举行这种盛大的祝祭。据说，阿庇斯神要隔很久才会出现一次，而现在已向他们"显现"。失败后心情沮丧的冈比西斯把埃及人庆祝阿庇斯"显现"的狂欢，看作是针对他不幸遭遇的嘲弄，于是把报告这一消息的为首几个埃及贵族杀死，并责令埃及祭司将"阿庇斯"带来。原来，"阿庇斯"是一只牛犊。根据埃及人的传说，母牛因受太阳照耀而怀孕，生出"阿庇斯"，其标识是：黑色，前额上有一块四方形的白斑，背上有一个像鹰那样的东西，尾巴上的毛是双股的，在舌头下面又有一个甲虫状的东西。当祭司把"阿庇斯"领进来时，冈比西斯立即拔出他的短刀，向牛犊的腹部戳去，但戳中的却是它的腿部。接着，冈比西斯又下令痛笞祭司，杀死那些正在庆祝节日的埃及人。"阿庇斯"卧在神殿里，也因腿被戳伤而死去。

古埃及人说，冈比西斯由于做了这样一件错事而变得疯狂起来，犯下了一件件令人发指的罪行，如杀死亲兄弟，残害亲姐妹，活埋波斯知名贵族等。后来，他从埃及前往苏撒，想惩办篡夺了波斯王位的米底祭司（即高墨达），但在途中有次上马时，他的佩刀刀鞘的扣子松掉了，于是里面的刀刃就刺中他的股部，正好伤着了他自己过去刺伤埃及神牛"阿庇斯"的同一部位。结果骨头坏疽，大腿溃烂，冈比西斯便因此而死掉了。

以上说法被记载在古希腊历史学家希罗多德《历史》一书中，其他一些古典作家大体沿用此说。近代以来，有许多历史学家在叙述冈比西斯之死时，也往往采用希罗多德所记述的埃及人的说法，不过，他们一般都剔除了其中的有关因果报应这一明显不符合科学的成分。

在古代，除了埃及人的这一说法之外，波斯国王大流士镌刻在贝希斯敦岩壁上的著名楔形铭文也谈到冈比西斯之死，但写得极为简略，其中的波斯文原文仅用一组词语表示："uvā marSiyuSamariyatā"。

这组词语是什么意思呢？学术界有着三种不同的译文和解释。

一种译文是"自杀"。此说出现于上个世纪的末叶，已为多数贝希斯敦铭文研究者所采纳。持此说者认为，冈比西斯在得知高墨达起事之后，在绝望中以自杀来结束自己的生命。

另一种译文是"自然死亡"。此说由德国学者苏尔兹于1912年首次提出。他在一篇探讨这个问题的专文《论冈比西斯之死》中，利用了20种印欧语的成语资料，得到冈比西斯是"自然死亡"的结论。雷曼一豪普特发表于1919年的著作《琐罗亚斯特生存年代考》也提出了同样的观点。

第三种译文是"自死"。持此说者将贝希斯敦铭文的波斯文原文同阿卡德、埃兰异文相对照，并参考了其他的波斯铭文，指出：贝希斯敦铭文波斯原文中表示冈比西斯之死的这组词语意为"自死而死"，很难将其解释为"自杀"，而且在亚述楔形铭文中表示"自杀"的词语完全是另一个样式：这组词语也不表示"自然死亡"，因为阿卡德异文中未含此意，其他的波斯铭文中表示"自然死亡"的词语也与此不同。他们认为，"自死"之说和希罗多德的记述相吻合，这种表达方式反映了古代波斯的一种传统观念——推崇居鲁士，贬低冈比西斯，它"隐隐约约地暗示了大流士的观点：冈比西斯之死未能逃脱因其所犯罪行而遭受的惩罚"。

此外，还有一些学者认为冈比西斯是被"他杀"身亡的。有的说，冈比西斯"是被玛高斯僧人所杀"。也有的说，冈比西斯"是军人中的阴谋的牺牲品"。

关于冈比西斯死亡的地点，同样也有不同的说法。据希罗多德记载，冈比西斯在临死之前曾询问他所在的那个城市的名字，人们告诉他是阿格巴坦那，冈比西斯听后叹息道："居鲁士的儿子冈比西斯注定是要死在这里的了！"希罗多德强调指出："这个事实证明，神托所预言的乃是他要死在叙利亚的阿格巴坦那。"但近代有人考证，古时叙利亚无此城名，因此，推测冈比西斯可能死于叙利亚某个乡村，而希罗多德不知其名。在古代作家的记述中，还有另外的一些说法：克捷西以为，冈比西斯是因胯股遭受偶然的剑伤而死于巴比伦的；按普林尼的《自然史》记载，冈比西斯死于米底的阿格巴坦那城；约塞夫·弗拉维则说，冈比西斯死于大马士革。

探求米诺斯

◉　◉　◉　◉　◉

在希腊神话中，米诺斯这个名字出现的频率并不高。自从考古学家Ａ·伊文思用它命名克里特岛的青铜文明，才使之名扬天下。

米诺斯诞生在一部浪漫曲的尾声部。天神宙斯爱上了腓尼基公主欧罗巴。他化作一头精壮的牛，混迹牛群之中。欧罗巴被这头牛吸引，兴奋地跨上牛背。牛驮着美丽的公主在草地上缓缓行进，逐渐离开了牛群和公主的随从。到了海边，那头牛突然腾空而起，跃过爱琴海，把姑娘带到了克里特岛。米诺斯及其兄弟便是宙斯与欧罗巴短暂爱情的结晶。后来，欧罗巴成了克里特一位国王的新嫁娘，她的儿子们因而得到了继承王位的机会。这又引出一串传说。

米诺斯为了夺取王位，求海神波赛冬派一头牛来献祭。波赛冬慷慨相助，真的派来一头牛。这牛头太好了，米诺斯竟舍不得杀掉它。波赛冬为此十分恼火。他施展神力，让米诺斯的王后帕希妃爱上这头牛，可怜的王后如醉似痴，请巧匠代达鲁斯帮忙，造了一头包覆牛皮，以轮代蹄的木牛，王后藏身牛腹，命人把木牛放到牧场。王后与牛结合，生下了牛头人身的怪物阿斯特流斯，又称"米诺斯之牛"。尊从神示，米诺斯要代达鲁斯建造一座迷宫，把阿斯特流斯养在其中。恼怒的米诺斯把帮助王后干下丑事的代达鲁斯及其儿子也关进了迷宫。代达鲁斯父子俩用蜡给自己粘上翅膀飞出迷宫，儿子兴奋之中忘乎所以，飞近太阳，蜡融化了，翅膀掉了，他不幸坠入海中。父亲伤心痛苦，但没有忘记是在逃亡途中。他飞到了西西里，得到西西里国王的庇护。国王的女儿们喜欢上了这位巧匠。米诺斯追踪代达鲁斯，也来到西西里，国王的女儿们假意热情款待他，趁他洗澡之机，用滚开的水烫死了他。米诺斯死后成了冥界的判官。

神话传说中的事情，其可信性固然大可怀疑，但众多的学者却并不完全否认，欧罗巴的故事可能反映了米诺斯文明中有亚洲的因素；克诺索斯线形文字B的发现和释读成功，说明当时统治该地的是希腊人。因而，米诺斯是否是希腊人也值得商榷。

福斯狄克指出，在荷马史诗中，米诺斯是以伊冬麦纽斯之祖父，而不是以米诺斯王的面目出现的。这位王可能是一位阿该亚人征服者。如果他自称为米诺斯，那么，他是承继了其克里特前朝的称号和荣誉，米诺斯是王朝的名字，希腊的传说中有许多自相矛盾的地方，与考古资料和古代文献不合之处也非鲜见。如希罗多德《历史》卷一第171节记，古时，卡里亚人对米诺斯称臣。他们住在岛屿上，不交贡赋。只在米诺斯需要时，应召上船充任水手。在修昔的底斯《伯罗奔尼撒战争史》卷一第4节中，又记着，米诺斯是传说中第一个建立了海军的人，成为当时称雄希腊的海上霸主，控制了基克拉迪群岛，在那里建立了第一批殖民地，赶走卡里亚人，任命自己的儿子为统治者，尽力清除海盗以保证自己的收入。从希罗多德和修昔的底斯的记载来看，卡里亚人在不同时期为同一个人做了不同的事。而帕罗斯的编年者以为，那是名为米诺斯的两位王。福斯狄克认为，克里特的海上霸权从公元前1600年持续到公元前1400年。这期间当然不会只经历一位王。伊冬麦纽斯之祖父，当活跃在公元前1250年左右，是他赶走了卡里亚人。

A·伊文思在他所发现的克里特文明称为米诺斯文明时，认为米诺斯是王朝的名字，也是统治者的称号，可能相当于埃及的法老。伊文思提出，米诺斯的职责可能与小亚宗教中心的"祭司王"相似。他代表着神，穿戴不凡，行使权威，他有自己的名字。尼尔松赞同伊文思的意见。不少人也认为，著名的"祭司王"壁画所描绘的是公元前15世纪在位的王。

另有一些学者不同意男性统治克里特的观点，认为"祭司王"的提法尤其值得商榷。H·瑞斯认为，在克诺索斯王宫王座中显示神灵的是代表女神的女祭司。S·胡德也坚持王座是典仪之所，女王作为女神的代表坐在王座上。

《牛津古典辞书》中米诺斯条的作者们认为，米诺斯的妻子是太阳之女，她本人名字的意思是"满月"之月神。这可能意味着，在米诺斯的王国，在某种程度上，王与王后同样或完全被敬若神明和神化了。

N·E·柏拉同则认为，米诺斯之母的名字意为"朦胧的新月"；其妻名意为"满月"；其女名意为"冰清玉洁"；这可能暗示着女王或公主占据宗教活动中的高位。这些名字本是那些职位的头衔。这些名字在阿该亚人统治克里特时被译成了希腊文。但是，没有什么根据可以说明女王比王更重要，或与王平等。当然，在王位继承人过于年幼时，她可以代行王权。

E·L·本奈特回顾了采用"祭司王"之说的原委，提出仍用此说，并将其理解范围扩而大之。但这并非伊文思本意，也有歪曲米诺斯宗教和政治、经济情况之嫌。

1974年，H·瓦特豪斯把上述意见归纳并进一步补充，认为所谓在米诺斯文明后期第二阶段前有一位王（姑且称之为"祭司王"）的说法，没有足够的证据。希腊神话中关于米诺斯及其海上霸权的传说是指公元前14世纪克诺索斯王宫毁灭之前不久的情况。米诺斯文明社会结构自成一体，既不同于世界其他地区，也有别于大陆希腊。直到近年，R·F·威莱茨仍指出，A·伊文思"祭司王的概念不一定符合米诺斯文明的整个发展过程。"

泰姬陵之谜

◉　◉　◉　◉　◉

　　泰姬陵作为陵墓建筑中的典范,一直被人们所瞻仰和称颂,还因为她以动人心弦的爱情故事为背景的缘故,更是披上了一层神秘的面纱。然而,如果告诉你泰姬陵的建造并不是出自伟大的爱情动机,而是充满血腥和卑下的个人目的时,你又会作何感想呢?

　　要揭开泰姬陵背后的故事,需要先认识一下泰姬陵。

　　蒙兀儿帝国第五代皇帝沙杰汉的妻子泰姬·玛哈,1631年死于难产。传说沙杰汉伤心欲绝,发誓要建一座全世界最美丽的陵墓,以表现其永恒的爱情。为避免日后有其他陵墓胜过泰姬陵,沙杰汉竟残忍地在陵墓完工后砍掉设计师的头,又砍掉众工匠的手。其血腥程度可谓世间少有!

　　举世闻名的泰姬陵的陵墓建筑群包括大门、玛哈墓、两座清真寺、四座尖塔和一些附属建筑物,全部设计互相配合,浑然一体。陵墓高约83米,耸立河边,气势雄伟。陵园占地约2.8万平方米,布局精巧,林木成荫,风景优美,更有流水、喷泉,反映了蒙兀儿人心目中的人间仙境。

　　据说每天动员2万名工匠,耗时22年才建成泰姬陵。石匠、金饰工、雕刻家和书法家把整座陵墓里里外外都装饰得美轮美奂。镶嵌那些精美的图案所用的宝石多达43种,包括玉石、水晶、黄玉、蓝宝石、钻石等。墓内到处可见纯银烛台、纯金灯座、华丽的波斯地毯,雕花大理石石棺四周更围了一道纯金的栏杆。

1857年，蒙兀儿帝国覆亡，泰姬陵内的金银珠宝被人抢掠一空，幸而陵墓本身并未受到破坏，劫后百多年来依然屹立河畔，一般人视之为坚贞爱情的象征。有趣的是，当时人的看法与今人完全不同。据17世纪到印度旅行的欧洲人说，沙杰汉好大喜功，权欲熏心，荒淫无度，根本不是对爱情专一的好丈夫。甚至有人说，他曾与长女

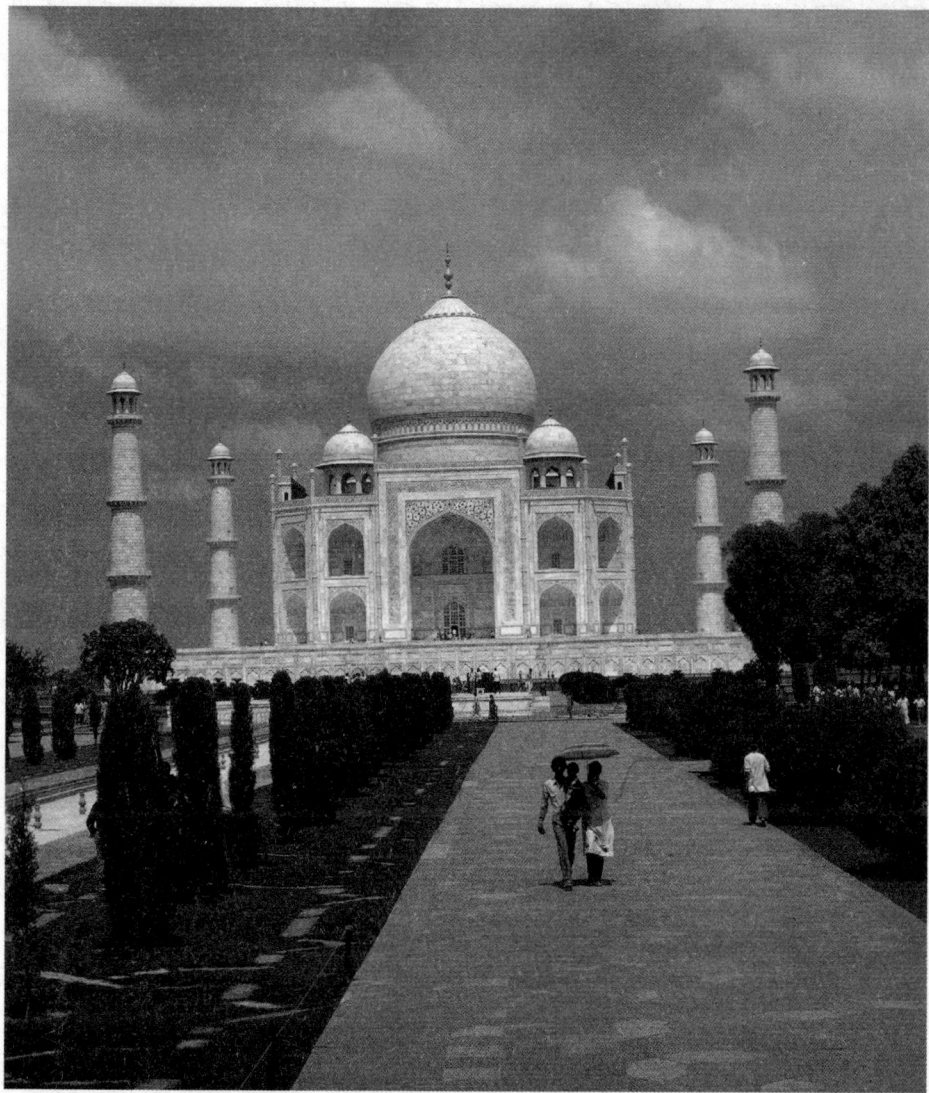

宏伟的建筑是否真的见证了缠绵悱恻的爱情

乱伦。为了争夺皇位，他竟然不念亲情，把几位兄长和五个男性亲人全部杀害。即使上述传言不完全可信，但下列却是史实记载：

玛哈生前总是陪伴沙杰汉出征，驰骋沙场，夫妻俩看来都嗜杀成性。玛哈极其仇视基督徒，曾怂恿沙杰汉血洗印度东北海岸的葡萄牙殖民地胡格利。她石棺上的铭文写道："求真主保佑我们抵御异教徒。"

沙杰汉统治期间，一直不遗余力地扩张权势。他毕生都热衷于建造许多宏伟的建筑物，以炫耀帝国的财富，瑰丽的泰姬陵也许只是典型的例子。

令人百思不解的是该建筑竣工之后，为什么沙杰汉毫不手软地将参与泰姬陵施工的人都致死、致残呢？如果泰姬陵美玉无瑕的设计，反映出了统治者唯我独尊的自大心理，也达到了为其树碑立传的目的，那么，泰姬陵完工之后的血腥杀戮证明了什么？又掩盖了什么呢？

死亡之城消失之谜

印度的死亡之城是一处古文明的遗址。1920年，一个印度的考古学家来到哈巴拉古城堡考察发掘，从此揭开了死亡之城重见天日的序幕。

1922年，印度的考古学家们又在哈巴拉古城堡附近发掘出来了一座更宏伟的古城遗址，这便是"死亡之城"。这两座古城就像中国的楼兰古城一样，埋葬着一个伟大的古代文明。这个文明，人们把他叫作"哈巴拉文明"。

摩亨佐达罗古城遗址虽然已经成了一片废墟，可是城区的面貌还能够看得出来。它的西侧是一个卫城，那里有装粮食用的谷仓、餐厅和一些公共设施，还有一个露天的大浴池，浴池有32米长，7米宽，3米深，旁边有一组平顶的房屋和环形的走廊。专家猜测，那一组平顶房屋应该是更衣室，那环形的走廊可能是让人们晒太阳或乘凉的地方。这个露天大浴池的四边都修建着可以上下的梯子，浴池的边上还有一个水槽，露天浴池的底部铺了好几层砖，上面还涂了一层特别厚的树脂。

它真的是一个浴池吗？

考古学家又发现，在这座城市的四周，到处都是河流，人们完全没有必要建立这样一个浴池。那么，这个大池子是用来做什么用的呢？于是有的专家认为这是一种供信奉宗教的人接受洗礼的地方，不过印度是信仰佛教的国家，佛教的教义中并没有要求人们接受洗礼的内容。况且，在印度文明开始的时候，佛教还没有出现。

与这个大浴池一样让人感到吃惊的是摩亨佐达罗古城遗址的内城的下水道。内城的中央大道有10米那么宽，两边全都有排水沟，路边各家各户全都安装着一种特别的下水管，人们使用完的废水和脏水都是从下水管流到排水沟排走的。摩亨佐达罗古城遗址的这种下水道系统在古代西亚和埃及等一些地方的早期城市里从来没有看见过。人们简直很难相信，在史前时代竟然就有人能够利用下水道排脏水了。摩

亨佐达罗古城遗址里的住房也特别讲究，一般都是套房。这种套房分成上下两层，看样子下层可能是厨房、储藏室和漱洗室，上层可能是睡觉、休息用的寝室。寝室的外边还有一个用木头做的阳台。每一个套房的附近，差不多都有一口用砖砌成的水井。这种一应俱全的设施在别的地方也很少见。

但不知是什么原因，导致它神秘地消失了。

苏美尔文明起源之谜

◉ ◉ ◉ ◉ ◉ ◉ ◉ ◉ ◉ ◉

　　西亚地区是人类最早走入文明社会的地区之一，苏美尔人则是最先在西亚创造辉煌远古文明的民族，然而，这一与邻居截然不同的民族，究竟来自何方呢？

　　位于底格里斯河与幼发拉底河之间的美索不达米亚平原长期以来被人们认为是一片荒漠。这里有连绵不断的沙漠，有沙漠上平淡无奇的低矮土丘。正是这些看似平淡无奇的土丘吸引了考古学家的目光。1899年，考古学家科尔维德在卡色尔堡遗址的土丘发现了巴比伦城遗址。"巴比伦"本意为"神之门"，经过考证，这是古代两河流域的最大城市，曾经是巴比伦王国（前1894——前538）的首都。另一位考古学家德萨尔载克居然发现了一个更加古老的文明遗址——

苏美尔文明，起自公元前4000年左右。1922年，英国考古学家伦纳德·伍利爵士开始对巴格达与波斯湾之间的美索不达米亚沙漠地带进行考察、挖掘，发现了苏美尔最古老的城市乌尔城，发现了一个王族墓。出土了大量珍贵文物，如头盔、刀剑、乐器，各种工艺品、泥版文书，以及苏美尔女王的头饰和"乌尔的旗帜"。这些文物令考古工作者大开眼界。更令他们吃惊的是，在王族墓之下，伍利和其助手们发现了整整两米多厚的干净土和沉积层，经测定，这些干净的黏土层应为洪水沉积后的淤土。加之苏美尔泥版上有关于洪水传说的记载，似乎证实了《圣经》中洪水与诺亚方舟的故事的真实性。这些考古发掘有利地证明了两河流域的美索不达米亚平原是世界最古老的文明发祥地之一。

根据考古资料推断，古代两河流域的文字体系源于苏美尔。约公元前4000年代后期，苏美尔人创造了图画式文字。到了公元前3000年代，这种文字发展成为楔形文字。苏美尔人通常用平头的芦秆在未干的软泥版上印刻出字迹，笔道呈现楔形。最初，楔形文字被刻成直行，后来逐渐演变成由右而左、由上而下的刻写方式。

古代美索不达米亚文学作品主要有神话、史诗、赞美诗、哀歌、记事文、辩论文、箴言和谚语等形式。最著名的史诗是描写乌鲁克城英雄吉尔伽美什经历的一系列故事。

苏美尔人已经具备了很丰富的天文学知识。他们在观察月亮运行规律的基础上编制了太阴历。将两次新月出现的期间作为1个月，每月包括29天或30天。全年分成12个月，6个月为29天，6个月为30天，每年计354天，苏美尔人置闰月加以调整。

苏美尔人的数学知识也很丰富。人们对1～5的数字已有了专门的名称，对10这个数也有了特别的符号。在此基础上，巴比伦时代的人们广泛使用10进位和60进位法，并把60进位法用于计算周天的度数和时间。而且，古巴比伦人已经掌握四则运算、平方、立方和求平方根、立方根的法则。

在建筑艺术方面，约公元前4000年代中期，苏美尔已经出现多级寺塔的建筑。寺塔一般用土坯筑成，在一层层台基的最上面有一个小神庙。他们还建造了砖砌的拱门和圆柱。他们的拱门、拱顶和穹隆结构经常用于陵墓和房舍建筑。他们这种喜欢在平原上堆筑土丘，并在土丘上建筑神庙的习惯同其他各民族相比显得有些特别。

总之，在美索不达米亚，考古学家们取得了意想不到的巨大收获。卓有成效的考古不仅证实了《圣经》上的许多记载，而且远远超出了这些记载。

人们常说，世界上没有一个地方能像美索不达米亚这样，汇聚如此众多的种族，融入如此丰富的文明。而在这么多文明中，苏美尔文明是最古老，也是最重要的文明。这不仅在于它已经有着6000年的历史，更在于苏美尔文明的影响已经贯穿了整个人类历史进程。

虽然苏美尔人的法典与我们已知最早的成文法典——《汉穆拉比法典》相比，仍显得简单粗糙，但可以肯定的是，《汉穆拉比法典》中有不少内容就来自苏美尔人的法典。而苏美尔人所使用的楔形文字、从右向左的书写顺序，不仅没有随着苏美尔人的消亡而中断，反而被他们的敌人亚述人、巴比伦人等继承下来，并一直影响着后来西方希腊字母的产生。

但是，这些最早把美索不达米亚带入文明社会的苏美尔人，却是一个外来的民族，他们的长相、语言、生活习俗、宗教信仰，都与他们的邻居截然不同。

苏美尔人究竟来自何方？人们至今弄不清楚。

从他们的建筑习惯来看，苏美尔人喜欢在平原上堆起土丘，然后在土丘上面建起神庙。苏美尔的富人们也常在山顶上建起堡垒或大厦。甚至在苏美尔人消亡多年后，犹太人来到巴比伦时，仍会看到这些矗立在绿色平原上的奇怪矮丘。这表明，苏美尔人可能原先居住在山林中，后来，他们虽然为了追求肥沃的土地和舒适的生活而离开了山林，却并没有抛弃他们的习俗。江山易改，本性难移，他们仍然在平原上堆筑起无数小山般的矮丘。

在苏美尔人的遗址中，人们发现了大量圆柱形的印章。它们大多由贵重的金属或玉石制成，并刻上了精美的图案和文字。这样的印章在印度河流域也曾大量发现，这表明苏美尔文明与印度河文明又存在着某些联系。是苏美尔人来自南亚印度，还是印度河文明传自西亚，我们尚不能确定。苏美尔人的语言又与汉语有些相似，含有不少汉语的语音。这是不是表明苏美尔人来自远东呢？

另有一些学者根据考古发掘断定，苏美尔人来自中亚高加索或亚美尼亚，他们沿着底格里斯河和幼发拉底河一路南下，最后进入美索不达米亚。然而，根据苏美尔人的传说，他们的祖先是从海外（或者埃及）来到这里的。

空中之城消失之谜

◉ ◉ ◉ ◉ ◉ ◉ ◉ ◉ ◉

　　高度的文明，壮观的遗迹，找不到任何原因，印加人就将"空中之城"遗弃了……

　　印加人是南美洲印第安人的一支，在印第安语中，"印加"就是"太阳的子孙"的意思。他们认为自己起源于太阳，国王是太阳之子。

　　根据古印加传说，在12世纪，他们的第一个君主曼科·卡帕克带着他的10个印加氏族，从的的喀喀湖迁到了秘鲁北边的库斯科河谷，并将库斯科定为首都。随后，库斯科谷地的印第安人开始向周边地区扩张，到15世纪中叶，形成了强大的奴隶制国家——"印加帝国"。16世纪时，帝国达到鼎盛，它以库斯科谷为中心，领土包括今天的秘鲁全境、哥伦比亚、厄瓜多尔、智利、阿根廷、巴西的部分地区，总人口有六七百万，是当时美洲最强大的国家。

　　印加帝国建筑在阳光灿烂、水量充足的安第斯山脉上，得天独厚的地理条件，使得印加人的农业十分发达。他们掌握了几十种农作物的栽培技术，尤其是玉米栽培技术无人可比。在纺织品的生产技术上，更是先进，各色各样的织法以及各种形态的图案，都具巧夺天工的技巧。

　　在手工业方面，印加人擅长用金、银、青铜、黄铜制造器皿，工艺十分精湛，匠人手下的花鸟虫兽千姿百态、栩栩如生。医学上，印加人会使用草药、麻醉药，并能给病人做脑外科手术。其他如历法、宗教、艺术、建筑等也都十分发达。但他们没有文字，使用"结绳记事"，即以绳子的不同结法表达不同的意思。用这种方法，古印加人记录着他们自己的文化和历史。这里是一个丰衣足食、平和安详的世外桃源。

然而，祸从天降，猫眼、尖鼻、红发、白肤、蓄着胡须的西班牙"天使"来了，他们有很多人，"在太平洋上，乘着浮在水面上的大房子，掷出快如闪电、声如雷霆的火团，渐渐靠近了……""天使们"为古老的印加帝国带来了杀戮和掠夺。

1911年6月24日，美国探险家海瑞姆·宾汉姆及其探险队为寻找传说中"消失了的城市"，来到了波涛汹涌的圣河——乌鲁班巴河峡谷，在云雾缭绕的山顶上，他们发现了已经被废弃了近一个世纪却依然雄伟壮丽的"空中之城"——马丘比丘。

马丘比丘是印加帝国的神秘古城，有人称它为"太阳圣女之城"，传说中，这里有无尽的宝藏和如林的美女。千百年来，无数的探险家和寻宝者都在执着地寻找着它。

传说，这里是印加帝国的缔造者曼科·卡帕克的出生地，它位于印加帝国首都库斯科以北118千米处，名字取自它所在的山峰，字面意思是"老山峰"。它三面临河，一面靠着白雪皑皑的萨而坎太山，地势极为险要。正是因为如此，它才躲过了西班牙征服者和天主教传教士的侵扰与破坏，完整地保留下来。

整个城市依山而建，与其坐落的狭窄、陡峭的地形相配合，宏伟的石垒建筑坐落在崇岭之巅，或缘坡而砌，或立顶而筑，高低错落，层次感极强。上视，四周是更高的峰峦，直插青天；俯瞰，下面是万丈峡谷，蜿蜒曲折的乌鲁班巴河奔腾而过，青翠的丛林和植物群遍布在其周围的峭壁之上。淡淡的紫色更给它增加了一层神秘的色彩。

在城中宽阔的"神圣广场"中央，矗立着一座巨大的日晷，马丘比丘人通过它来测定每天的时刻。在古城的一头还有著名的太阳神庙和"拴日石"，印加人希望用拴日石永远留住他们心中至高无上的神——太阳——一切生命和希望的源泉。

马丘比丘人还在城堡对面的山峰上筑出一层层梯田，并在每一层开凿了引水渠，引来雪水浇灌农田。

如此美丽而逍遥的空中之城，马丘比丘人却弃之而去，没有任何留恋，没有任何说明，到底是为了什么呢？很多人认为是因为西班牙征服者的原因。可是，根据历史记载，当年侵略者的铁蹄并未踏向这里，而且，考古学家在研究中发现，早在1533年，西班牙人征服印加帝国之前，马丘比丘人就已经离开了这座美丽的"空中之城"！即使真的是因为西班牙人的入侵，可依当时印加帝国的实力，拥有7万骑精锐的印加人，居然不敢和有100多人的西班牙入侵者做殊死的

战斗？似乎说不通。

到底是为什么呢？天灾？部落战争？奴隶反抗？种种怀疑都没有任何痕迹能够说明。而今考古学家在绵延的安第斯山脉中，陆续发掘到许多印加帝国的遗迹，证明印加人确实抛弃了他们美丽的家园，在荒芜的山地中再建王国。印加人和马丘比丘为后人留下无法解释的谜题：印加人为什么要在如此之高的地方建这样的一座城市？！为什么又弃之而去？以当时的生产力发展水平，他们是用什么工具切割、运输那些建筑用的大石头？有谁能够揭开谜底呢？

远望那座城，它似永远静立于半空，带着明媚的笑容观望着这个世界

永恒之城起源之谜

◉ ◉ ◉ ◉ ◉ ◉ ◉ ◉ ◉

永恒之城——罗马，已经在大地上出现了2700多年之久。但它的起源除了一个美丽的传说，却没有可证的信史……

在意大利著名的卡彼托林博物馆中，有一尊青铜母狼雕像，大约制作于公元前6世纪，而狼身下一对正在吮吸乳汁的男婴，则是文艺复兴时期佛罗伦萨艺术家波那尤奥略补做的。母狼形象很高大，身材颀长精瘦，四肢健壮有力，脚爪紧叩地面，两耳竖起，嘴唇略张，牙齿微露，双目圆睁，直视前方，带着一股沉着、冷静与警觉。肚腹下的一对男婴仰着头，贪婪地吮吸乳汁，对周围的一切恍若无知无觉。

这座母狼铜像据说是公元前6世纪的作品，弥足珍贵；两个男婴是16世纪文艺复兴时期的艺术家添加

上的，艺术价值不菲。二者珠联璧合，不但是上乘艺术佳品，而且向人们讲述着罗马城市起源的故事。

意大利半岛中部有一条台伯河，蜿蜒向西注入地中海。罗马城建在台伯河左岸的小山上，离入海口不远。据说，罗马城是由两个孪生兄弟——罗慕洛和勒莫建立的。他们是希腊神话中特洛伊英雄之一伊尼亚的后代。在特洛伊城被希腊人攻陷的时候，伊尼亚带领一些人逃了出来。他们经过长途跋涉和海上漂泊，来到了意大利半岛。伊尼亚的儿子后来在拉丁地区修筑了新的城池——亚尔巴龙伽城，自己当了国王。王位后来传了15代，一直传到依米多尔。依米多尔有个弟弟叫阿穆留斯，他通过政变篡夺了王位。阿穆留斯为了防止哥哥的后代

报仇，下令杀死了自己的侄子，并强迫侄女去作女祭司。女祭司是不能结婚的，阿穆留斯以为这样一来就能使哥哥断了"香火"。

然而人算不如天算。不久，被迫当祭司的侄女竟生下一对双胞胎。阿穆留斯下令处死侄女，并派一个奴隶把孪生兄弟扔到河里去。奴隶把篮子放在河岸上，篮子被河水漂起后，没冲多远就被岸边的一根树枝挂住了。河水退下后，篮子里传来了嗷嗷待哺的婴儿的哭声。恰巧一只母狼来河边喝水，它闻声走过来嗅了嗅篮子里的孩子，不但没有把他们当作一顿丰盛的晚餐，反而用自己的乳汁来喂养他们。

后来一个牧人发现了兄弟俩，于是把他们带回家抚养。牧人还给他们起了名字，一个叫"罗慕洛"，一个叫"勒莫"。牧人后经多方打听，知道这两个孩子是老国王的后代，于是一直对他们的身世守口如瓶。这对孪生兄弟在牧人的一手调教下渐渐长大，练就了一身好武艺。牧人看到时机成熟后，便把他们的身世和盘托出。于是，兄弟俩开始行动，领导亚尔巴龙伽人

民起义，推翻了残暴的阿穆留斯。兄弟俩又找到了退居乡间的外公，并让他重新当了国王。

后来兄弟俩不愿呆在亚尔巴龙伽城，他们打算在昔日遇救的地方另建新城。新城建好后，兄弟之间却因为新城命名、由谁来统治等问题发生争吵。最后罗慕洛杀死了勒莫，用自己的名字命名新城市。"罗慕洛"后来的读音就成了"罗马"。这件事大约发生在公元前754年，这一年也是古代罗马纪年之始。

当然，这只是传说中的故事。这个传说是如何形成的呢？它有多少历史真实性呢？罗马城市建立的真实情况到底怎样呢？史学家已经争论了百年之久，人们还是各执一端。孰是孰非，尚无定论。看来有待考古证明。

但是罗马人至今对那只母狼怀有感激之情，他们将母狼视为"母亲之狼"，并精心制作了一个饲养着一只母狼的永久性兽笼，置放于市政厅前面的显眼处，还将母狼的形象镌刻在罗马的城徽上。

但罗马建城似乎与萨宾人不无关联，在罗马还流传着另一个家

喻户晓的故事：由于周围城邦的人都不愿意把自己的女儿嫁到罗马，罗马城人丁并不兴旺。于是罗慕洛心生一计：宣布罗马要在海神节举办文艺演出，欢迎各方人民前来观看！

海神节的演出精彩极了，周围成千上万萨宾人和其他邻邦人都被吸引过来，戏剧表演进入高潮时，罗慕洛一声令下，埋伏在四周的罗马勇士冲进观众席，抢走萨宾年轻妇女，并把其他人轰出城去。

萨宾人羞愤难平，他们向罗马人宣战。正在双方激战犹酣时，已经成为罗马人妻子的萨宾妇女冲到阵前，手里举着孩子，痛哭着要求自己的夫族与母族停止作战，要求父兄们与其丈夫言和。在她们的哀求之下，双方终于达成和解，罗马人和萨宾人结为联盟，共同建设罗马城邦。

关于罗慕洛，还有一个传说：当他在统治罗马的第四十个年头，一天，他骑着战马，忽然被一阵狂风吹向空中，从此再也没有回来。据说是被他的父亲、战神马尔斯接到天上去了。萨宾人努玛·庞皮留斯成为第二任罗马国王。

斯巴达克远征失败之谜

◉ ◉ ◉ ◉ ◉ ◉ ◉ ◉ ◉ ◉ ◉ ◉

伟大的斯巴达克起义席卷了整个意大利半岛，就在他到达阿尔卑斯山脚下，即将北上出境，重获自由时，却突然调头南下，导致了最后的失败。为什么他要这样做呢？

公元前73年，斯巴达克领导了反对罗马奴隶主统治的大规模奴隶起义，这次起义是世界古代史上最为波澜壮阔的奴隶起义，起义曾经席卷整个意大利半岛。

斯巴达克本是色雷斯人，在罗马征服色雷斯的战争中被俘，并沦为卡普亚角斗士训练学校的角斗奴。斯巴达克对于奴隶被迫自相残杀供达官贵人从中取乐的角斗士命运深恶痛绝，密谋于公元前73年夏初暴动。由于叛徒告密，所以不得不提前发动起义，他带领70余名角斗奴隶逃往维苏威火山，树起义旗。逃亡奴隶和破产农民纷纷响应，起义风起云涌，使罗马奴隶主统治阶级万分害怕。

斯巴达克先后击败楞图鲁斯军队的堵截和盖利乌斯军队的追击，一路凯歌高奏，队伍发展到12万人。

当斯巴达克起义军接连粉碎克劳狄乌斯和瓦利尼乌斯的围剿后，斯巴达克曾拟订了一个北上计划："全军向阿尔卑斯山前进，越过高山，北上出境，返回故土。一部分人回色雷斯，一部分人回高卢。"为什么要回色雷斯呢？因为斯巴达克是色雷斯人，他想返回故土，重获自由，这也是人之常情。但斯巴达克刚一提出这个计划，就遭到副将克里克苏的坚决反对。克里克苏率领2万人愤然出走，不幸被官军消灭。斯巴达克率军继续北上，挫败楞图鲁斯和盖利乌斯的前堵后追，一直打到阿尔卑斯山脚下的穆提那城。但此时，斯巴达克突然放弃北上计划，率领全军调头南下。

克拉苏恢复了古老的《十一抽杀律》：凡战败或临阵脱逃者，十人当中抽签选出一人处死。这样一来，严明的军纪提高了罗马军队的战斗力。

起义军被赶到意大利半岛南端的布鲁提翁，准备渡海去西西里，但没有成功。克拉苏下令在半岛最南端最窄处挖了一条两端通海的大壕沟，企图截断起义军的退路，将起义军就地歼灭。起义军尽管奇迹般地冲过封锁，但劳师疲敝，不久就陷入困境。与此同时，罗马元老院命令鲁库鲁斯从马其顿，庞培从西班牙回师，协助克拉苏从东、北、南三面包围起义军。

危急时刻，起义军内部牧民出身的康格尼斯反对撤离意大利半岛，带领1.2万起义军离开队伍，很快被克拉苏消灭。

公元前71年春，起义军与官军最后决战的时刻来临了。双方在阿普里亚境内展开激战，斯巴达克英勇战死，6万名部下牺牲，被俘的6000名起义军被钉死在从卡普亚到罗马大道两边的十字架上。

起义虽然失败了，但确实给了罗马奴隶主统治者以沉重打击。两千多年来，起义也留给人们不少疑问：比如，斯巴达克曾一度制订北上出境计划，如果这个计划认真施行，他们离开罗马返回色雷斯结果会如何呢？那么他究竟为什么放弃了北上计划呢？

当斯巴达克最初制订北上计划时，起义军内部发生严重分裂：副将克里克苏率2万人出走，结果很快被官军消灭。起义军内部的第二次分裂也是在斯巴达克提出渡海去希腊的时候，牧民出身的康格尼斯坚决反对撤出意大利半岛，带领1.2万人离开队伍，被克拉苏消灭。

看来，在去与留的问题上，起义军内部始终存在较大争议。这与起义军来源有关：斯巴达克等人是来自色雷斯的角斗士，乡土意识很强，希望回归故土色雷斯。而有些起义军过去是罗马破产农民，不愿意离开罗马。这种强烈的本土意识使他们在大敌当前不能真正认识到危险，从而同仇敌忾。

那么斯巴达克在打到阿尔卑斯山脚下的穆提那城后，为什么不北上出境而改变计划调头南下了呢？

研究者认为，是客观形势变化促成了斯巴达克计划的改变。起义之初，敌强我弱，斯巴达克感到罗马官军很难对付，罗马不宜久留，所以他拟订北上计划，先向敌人力量薄弱的北部地区发展，争取早点翻越阿尔卑斯山返回故土。但北上途中的节节胜利，特别是起义军接连挫败罗马执政官克劳狄乌斯、名将楞图鲁斯和盖利乌斯的围剿之后，声势大振，敌我力量对比发生了一点变化。起义军转而变得自信起来：认为可以留在罗马"一搏"。

第二种意见认为：阿尔卑斯山的恶劣条件阻止了起义军北上翻越山岭的打算。他们指出，阿尔卑斯山是欧洲最高的山峰，平均海拔3000米左右，许多山峰终年积雪，山上气候变幻莫测。12万起义将士到达阿尔卑斯山脚下时，身着单衣，再加上起义军给养不足，望山兴叹，只好放弃了北上计划。

有的学者认为，斯巴达克之所以改变原计划，主要是因为缺乏意大利北部农民的支持。公元前1世纪意大利北部与中部、南部的发展情况不一样。北部的奴隶制经济发展较为缓慢，小农经济仍然比较稳定。小农安于现状的特点使他们不愿冒支持起义军的风险，虽然他们在感情上有可能是同情起义军的。没有北方农民的物质支持，斯巴达克起义军是很难北上出境的。

还有一些学者认为，斯巴达克之所以临时改变计划，是因为起义军不忍心丢下仍在罗马奴隶主皮鞭底下呻吟的奴隶兄弟。为了解救苦难的伙伴，他们再度向意大利中部和南部的奴隶主发起进攻。

有人认为：对任何事情的分析，都不能陷入绝对主义的窠臼。斯巴达克之所以放弃北上出境计划，想必不是一时头脑发热的结果，也不是一种因素简单作用的结果。为什么不把这些原因综合起来呢？

究竟是单因素还是多因素，单因素中又是哪一个因素呢？这个谜的最后解开还依赖于人们对史料的进一步发掘。

神秘的奥吉特人

在马卡族人当中一直有一个像神话一样让人不可思议的灾难故事：许多年以前，一座巨大的泥山突然从天而降，落在奥吉特，把全村人和一切东西都埋了起来。

这也许是个荒诞不经的故事，但差不多所有传奇故事之中都会隐藏着几分事实。这个传说引起了华盛顿州立大学人类学教授多尔蒂的极大兴趣。

然而，怎样才能追寻那座据说掩埋全村的泥山的踪迹呢？

1970年冬天，大自然给多尔蒂带来了希望。历年来少见的风暴掀起巨浪冲刷着宽广的海滩，席卷了岸上的一切。风暴过后，有人在泥土塌陷的地方发现了一个神秘的木桨。这个木桨是否是500年前马卡族人使用过的呢？塌陷地区会不会就是发生泥崩灾难的地方呢？

多尔蒂的猜测果然没错。

发掘之后，人们在那里找到了几个鱼钩，一根鱼叉杆，一个残缺的雕花木箱，一顶编织成的草帽。这些器物都是被埋在离发现木桨地方很近的泥土中。据科学分析证实，这些出土器物的年代都在哥伦布到达美洲之前。

更使人兴奋的是，岸边泥土塌下后，露出一小段木墙。这显然是马卡人房舍的一部分，里面很可能有些极具考古价值的东西。多尔蒂于是小心地把整所房子挖掘出来。

这是一座相当大的木房子，约长21米，宽14米，内分为几个部分，各有灶台和睡炕，看来供几家人合住。房子内的用品，与泥崩前的摆设一样，几乎没有受泥崩的影响。出土器物中有一张残破的白色毯子，经历了几个世纪之后，上面的蓝黑图案仍然清晰可见。同时出土的，还有一个雕成男人形状的木碗、一张渔网和一片橡木树叶。考古学家发觉树叶刚出土呈绿色，暴露在空气中逐渐变为褐色。有一件用雪松木雕成的鲸鳍，上面镶嵌了七百多个海獭齿，它足可以说明古印第安人的艺术才能。此外，考古队在现场还发现了几副人骨，找到一些像乒乓球拍似的木拍，用香莓茎做的羽毛球，还有一副小型的弓箭。

奥吉特村突然祸从天降、死伤惨重的传说，已证实是触目惊心的真实事件。这也许是有人在千钧一发之际，及时逃出危险，逃出来的马卡人便以口传的方式使当日故事得以流传。

虽然如此，500年前的悲剧总算没有抹煞历史光辉的一页，它为人类考古研究美洲西北海岸提供了重要的线索。

吴哥城之谜

◉　◉　◉　◉　◉

千百年来，在印度支那半岛的高棉地区生活着的土著人中间流传着这样一个传说。在高棉内地的金边湖地区，到处都是幽灵与毒物，如果有谁冒犯了这些幽灵，谁便难逃厄运。据说，这些幽灵就住在金边湖旁边的一座空无一人的古城堡里。这个城堡，就是今天人们所知道的"吴哥城"。

1861年，法国生物学家亨利·墨奥特来到法国领地印度支那半岛的高棉，他此行的目的是为了在这里寻找珍奇蝴蝶的标本。为了能够深入高棉内地，墨奥特雇请了4名当地土著充当随从，走进了一大片阴暗深沉的丛林区，他的心中挂念的只是能捕获一只品种罕见的蝴蝶。当他们沿着湄公河逆流而上时，一路上优美的风光和珍奇的动物让墨奥特开足了眼界，这些激发了墨奥特继续探寻下去的兴趣。

在这种蛮荒的丛林中搜寻了5天，墨奥特什么也没有发现，懊恼的墨奥特只好率领随从准备返回，然而，就在他们准备返回的时候，5座石塔出现在他们的眼前，传说中的城堡找到了。它的确如人们所说的那样空无一人，但是它却并非是传说中所说的供幽灵居住的城堡。

这个城堡就是举世闻名的吴哥城，吴哥城的古名叫"禄派"，是古蔑帝国的首都。古蔑帝国是一个有次序、有法律的民族，繁荣时期其人口总数达到了200万，他们具有高超的建筑技术，吴哥城就是其最伟大的建筑之一。

吴哥城东西长1040米，南北长820米，是一座雄伟庄严的城市，

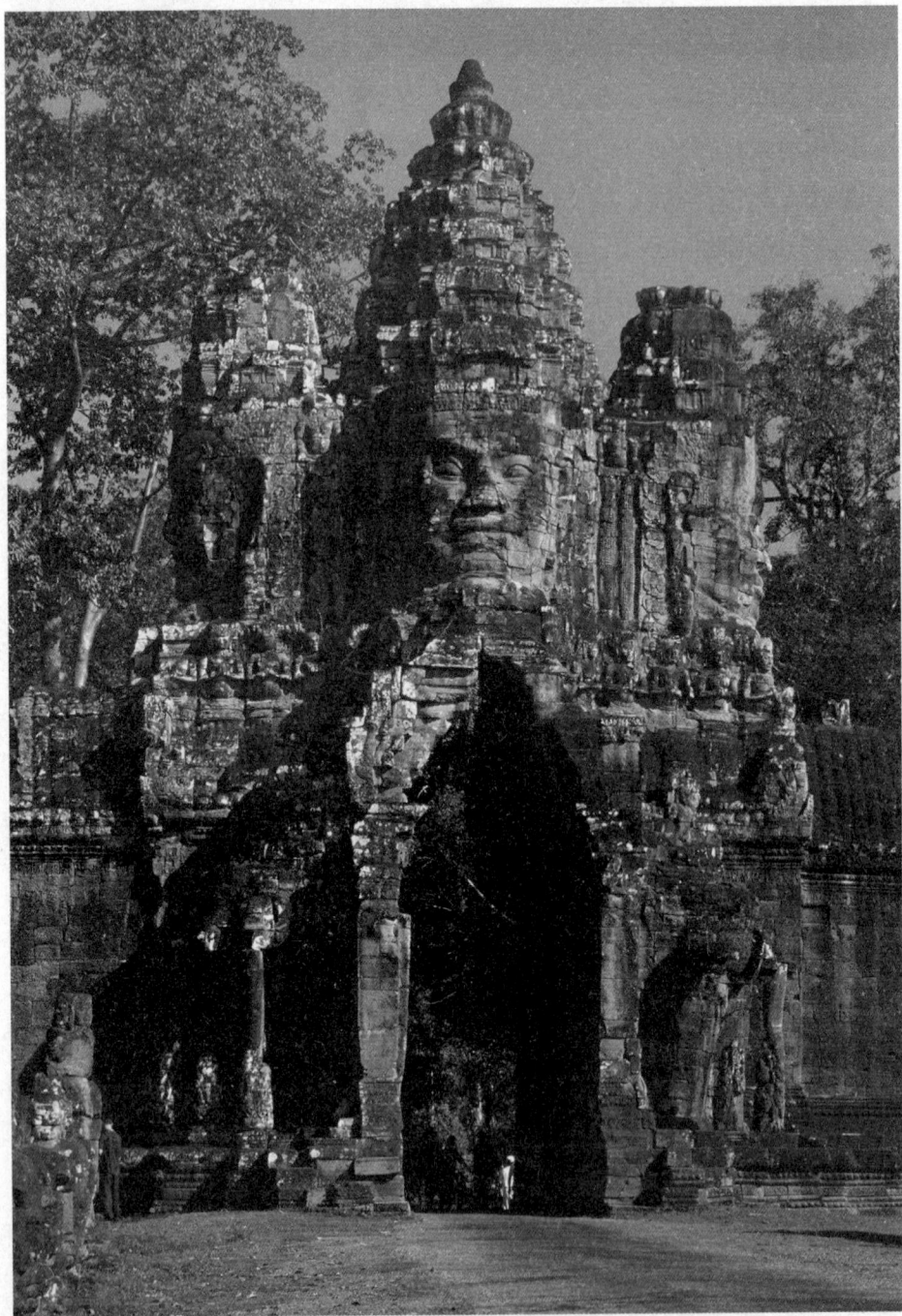

古老的城堡永远闪烁着神秘的光环

几百座设计大胆的宝塔林立，周围更有宽200米的灌溉沟渠，好像一条护城河，守卫着吴哥城。建筑物上刻有许多仙女、大象及其他浮雕，其中，许多头像尤为壮观雄伟。在这座古城里，寺庙、宫殿、图书馆、浴场、纪念塔及回廊一应俱全。

吴哥城的泯灭始于1431年的一场战争，这一年，罗马人以7个月的时间攻陷了吴哥城，搜刮了大批战利品。第二年，当战胜者再次来到吴哥城时，却目瞪口呆地发现这里已经成了一座空旷的无人城，不但看不到半个人影，连畜生都不见踪影。这些人究竟到哪儿去了呢？没有人知道，也没有任何记载能够告诉我们这座城市空旷下来的原因。

于是猜测纷纭，有人认为可能是一场可怕的传染病侵袭"吴哥城"，大部分居民都相继死亡，侥幸生存者将死者焚毁以避免感染，然后怀着哀伤的心情远走他乡；也有人认为吴哥城爆发了一场大规模的内乱，国民互相残杀，所有的人都被杀戮一空，然而，这种说法的一个最大的破绽在于这里没有一具尸体留下。甚至有人猜测，也许是罗马人攻占了吴哥城后将所有的居民强行带到某地去做奴隶，但是，即使这样，吴哥城也会有老弱病残和儿童留下。

究竟是什么让吴哥城就这样成了一座空城呢？也许进一步的考察能给我们一个答案，也许我们永远也找不出这个答案。

神奇的巴黎地下迷宫

◉ ◉ ◉ ◉ ◉ ◉ ◉ ◉ ◉ ◉

如果不是近年来的新发现，也许人们做梦都想不到，充满温馨和浪漫的艺术之都巴黎，竟会有这样一座地下迷宫，整个由人骨砌成！

这座恐怖的地下迷宫是被巴黎的年轻艺术家摇篮大街一家名叫"蒙帕娜斯"的咖啡馆发现的，这座咖啡馆是很多法国艺术家的沙龙，连著名的画家毕加索都经常在此聚会。谁知道相隔如此之近的地下，竟然是另一番恐怖景象。

进入迷宫，在地下通道中行进约15米后，你就会发现迷宫的墙壁竟然是用一根根人骨堆砌而成，大概在砌墙时墙底选择了大胯以下的腿骨和臂骨，因而长短差不多，排列相当整齐，墙的上半部采用了其他的骨料，四周还镶了边。

迷宫中央是一个底座，用人骨横着堆放了高约2米的祭坛，祭坛上是一个个人头骨镶成的圆形图案，看起来令人毛骨悚然。此外，祭坛后还有一座高高的人骨十字架纪念碑，而其余的各种物品，几乎都由人骨制成，整个阴森恐怖的迷宫，总共竟有数万具尸体！

关于这座恐怖的地下迷宫的形成，历史学家们经过研究，给出了结论。公元1世纪初，罗马人通过强大的武力，建立起了庞大的罗马帝国，其版图广大，幅员辽阔，在当时不可一世。

帝国内部实行残酷的奴隶制，对于占领地的异族，更是拼命压榨。当时巴勒斯坦也被罗马人占领，对犹太人和基督徒，罗马人的手段极其残暴，终于在公元66年，引发了犹太人起义，耶路撒冷的罗马驻军被全部消灭。罗马帝国调集重兵镇压，终于在4年后攻破城池，并且血洗了这座圣城，7万名起义奴隶全部被钉死在十字架上。

此后的犹太人和基督徒们，绝望之余，只好寄希望于上帝，便经常挖地道，在地下的秘密祭坛举行集会。这种活动当然会遭到罗马统治者的镇压，镇压激起了一次又一次的反抗，反抗过程中遇害的基督教徒的尸体就被安放在这些地下迷宫之中，活着的基督徒为了纪念死者，强化宗教意识，就用他们的尸骨砌成祭坛、纪念碑、墙壁和柱子等。年深日久，这样的地下墓室越来越多，规模也越来越大了。公元313年，罗马的君士坦丁大帝颁布宽容基督教的"米兰敕令"以后，基督教徒的遗骸才渐渐葬到地上来。

这种地下墓室的风俗不仅流行于巴勒斯坦、高卢，而且在一切信奉基督教的国家的民族中都存在，只是由于建造者十分谨慎，很少被人发现罢了。

隐藏在建筑下的神秘"骨"城

新大陆的发现者之谜

哥伦布究竟是哪国人？几乎所有的教科书都写道"哥伦布生于意大利城热那亚"，但在历史学家看来，这还是一个谜。现在有越来越多的历史学家认为哥伦布不是意大利人，而是西班牙马略卡岛人，只是长期以来人们一直把他同生于意大利热那亚的另一个叫哥伦布的商人弄混了。委内瑞拉历史学家考古尔马诺·内克塔里奥·马利亚对此进行了专门的研究，他长期从事历史教学和研究工作，是委内瑞拉国内历史研究院第一流的学者。从1964年，起他担任委内瑞拉驻西班牙大使馆的文化参赞，负责历史事务。借此有利条件，他深入研究了哥伦布的生平，试图揭示发现新大陆的真假哥伦布之谜。1978年4月19日，他在马德里"西班牙美洲合作中心"发表了题为《美洲发现者哥伦布是西班牙的犹太人》的演讲，并借此提出许多新观点：

哥伦布是西班牙人，要么出生地是马略卡岛的赫诺瓦，要么是费拉尼特斯。"赫诺瓦"与意大利"热那亚"的字母拼写是一样的。

哥伦布原名"胡安"，姓"哥伦布"，是"鸽子"的意思，是西班牙利阿里群岛上一个古老的姓，来自犹太人家庭的祖姓。

哥伦布只会讲西班牙语，根本不懂意大利语。

意大利热那亚的哥伦布生于1451年，他只在地中海从事商业航运。

总结以上四点，这位历史学家断言，发现新大陆的是西班牙的"克里斯托瓦尔·哥伦布"不是意大利的"克里斯长福尔·哥伦布"。同时，他还提出一段鲜为人知的秘密，即第一个踏上美洲大陆的西班牙人并不是克里斯托瓦尔·哥伦布，而是另一个西班牙人阿隆索·桑切斯·德韦尔瓦。此人在大约1481年登上了美洲大陆，但在返航中病死在哥伦布家里。哥伦布的家当时在马德伊拉斯群岛的桑托港，桑切斯临死前把全部航行资料交给哥伦布。哥伦布10年后便进行了那次著名的航行，由此成为新大陆的"发现者"。现在，内克塔里奥的说法还未得到公认，究竟谁是发现新大陆的真正的哥伦布，还在争论之中。

谁最先到达美洲？一时众说纷纭，莫衷一是，大致有以下说法：

大约在6世纪和8世纪时，就有欧洲人从比利牛斯半岛出发前往美洲。

阿拉伯人在哥伦布之前几次到美洲探险。

在公元1000年左右，有人从冰岛出发到过美洲，这一过程记录在《文兰旅行记》一书中。

1472年，在葡萄牙和丹麦两国国王的共同倡议下，以当时冰岛总督匹宁为首组成的探险队，曾到达格陵兰和纽芬兰一带。

中国人在更早的时候就发现了美洲，这已引起国际学术界的广泛关注，并引发了两次国际性大辩论。

第一次发端于1752年，法国著名汉学家岐尼提出了一个著名的观点，即中国僧人慧深在公元5世纪已到达扶桑国，即今日墨西哥。此说一公布，便引发了一场国际大辩论，参加辩论的有中、法、美、俄、英、意、荷、日、印等国学者，两派都言之成理，针锋相对。1945年，朱谦之教授根据新发现的史料和研究成果，进一步论证了岐尼派的观点。

第二次辩论发端于1975年冬天。当时美国人梅斯特里尔在巴罗斯·佛德斯海湾附近的洛杉矶海岸的污泥中挖到一块像大车轮胎，中间有孔，重达200千克的大石头。经中、美、日科学家共同考证，这块石头质地与中国南海采石场的标本一样，很像是中国古人使用的石锚。后来，美国海事考古学家莫里亚蒂和他的学生皮尔逊又在海底发现了类似的石头，形状和大小也很像中国两千多年前的锚。他们认为，中国古人不但发展了一千多年前在欧洲使用的平衡舵，而且水密舱的利用和罗盘的构造都很先进，因此在哥伦布以前，中国人就能在太平洋平稳航行。值得注意的是，在这两次国际大辩论中首先为中国辩护的都是外国人，是谁最先到达美洲，我们将期待科学和时间给我们一个圆满的答复。

恒河之谜

◎ ◎ ◎ ◎

作为印度最长的河流，恒河显然承载了印度人过多的感情。恒河全长仅为2500千米，和世界上其他的许多河流如尼罗河、亚马孙河以及中国的长江相比，都要短得多。

但很显然，世界上没有一条河像它这样受人尊敬，即使是分别在中国和埃及有"母亲河"之称的黄河和尼罗河，受顶礼膜拜的程度，也是望尘莫及。

恒河从古至今一直受到印度人民的顶礼膜拜，它是神的象征

恒河的源头，是喜马拉雅山脚下一个名为"牛嘴"的冰洞。初始的源流，称为"帕吉勒提河"，被认为是"印度最神圣的河"。尽管污染严重，在印度教徒和绝大多数印度人眼中，恒河水依然是世界上最圣洁的水。每年都有虔诚的信徒来这里沐浴朝圣，他们认为恒河水能够洗净自己充满世俗罪孽的灵魂，并使自己通往天国。

为什么恒河会有这样高的地位？印度人为什么对恒河情有独钟呢？

一般认为，这与印度的宗教有关。众所周知，在印度影响最广、最深远的宗教印度教，而印度教徒把恒河看作净化女神恒珈的化身，认为在此沐浴或喝了恒河水，能够洗净罪孽。这种信仰起源于河水的降温能力，印度教徒相信：权力即酷热，对于邪恶的权力，需要河水的降温来使它净化。他们同时也相信，如果在河边火葬，然后把骨灰撒在河里，灵魂便不用再转世，而是升向天堂。

古代的印度是一个神权至上的国家，神权甚至凌驾于王权之上，这一点从古代印度的阶层划分就可以看出来。古代印度人被分为四等：婆罗门、刹帝利、吠舍、首陀罗，代表了四个阶层的社会地位高低的差别。其中婆罗门最高，为祭司阶层，代表了神权，而代表王权的王族，只是排在第二位的刹帝利。由此可见，宗教在印度占有多么重要的地位，而恒河受到人们如此的顶礼膜拜，也就不稀奇了。

不可思议的地下城市

卡帕多基亚是土耳其的旅游胜地，这里的格尔里默谷地，有许多火山沉积物，上面矗立着许多奇形怪状的石堡，看上去很有点像月球的表面。这些石堡是由火山熔岩硬化后，经风雨侵蚀而形成的。早在公元八九世纪的时候，这里的居民就开始凿空石堡，并将其改装成各种各样的建筑物，其中甚至包括富丽堂皇的教堂。然而，真正让全世界轰动的发现却在地下，因为在这里，人们陆续发现了许多地下城市。其中大部分都能容纳成千上万人，其工程量、规模之浩大，令现代人也要瞠目结舌。

这些地下城市中，最著名的一座在今代林库尤村附近。地下城市的入口一般隐藏在各种房屋下面，此外还有许多通风口延伸到地面。

整个城市布满了地道和房间，倒是颇有些像国人熟悉的革命战争电影《地道战》中的场景，只不过规模要大得多。城市是立体结构，其中大部分的城市分为13层。代林库尤村的这座地下城市规模尤为浩大，仅最上层的面积就有4平方千米，上面的5层加起来可容纳一万多人，最下层还建有蓄水池，用以储藏水源。城里还有52口通气井和15000条小型地道，而最深的通风井深达85米……

到目前为止，在卡帕多基亚地区，这样的地下城市已经发现了不下36座，虽然不是每一座都像上述的那么大，但都称得上是城市，至少能容纳数千人。而这些城市相互之间都用地道相连，其中不少地道长达10多千米，整个区域连成了一个巨大的"地下城市网"。熟悉这一地带的人认为，地下城市的数量，还远不止这些。

人们很自然地想到，这些地下城市是由谁建的呢？建于什么时候呢？用途又是什么呢？

对于这些问题，人们有着不同的见解。有人认为这些地下城市是早期基督教徒的杰作，他们曾最早在大约公元二三世纪就在此避难。可后来经过考证，他们并不是真正的建造者，因为地下城市在他们到来以前就已经存在了——考古学家们在城里发现了闪米特时代的器物。而这支古老的神权民族，大约在公元前1000多年，曾在这一地区生活过。至此，前两个问题的答案似乎应该已经没有疑义了。那么，闪米特人为什么要建造这些地下城市呢？

很自然的原因是为了躲避敌人，因为根据考证曾有至少30万人一齐涌进过这些地下城市，而把地下作为躲藏的地点也符合人们历来的习惯。但奇怪的是，城里有不少通气井延伸到地上，并且还设有厨房，而炊烟是很容易让他们暴露的。看过《地道战》的人都知道，地上的人要将地下暴露的人置于死地，是很容易的。

那么闪米特人为什么要干这样的傻事呢？难道他们惧怕的不仅仅是地面上的敌人？他们在地下岩石中开凿避难之所也是为了躲避能飞行的敌人吗？

有人在闪米特人的圣书《科布拉·纳克斯特》中查到了一些关于所罗门大帝怎样利用一辆飞行器把这一地区搞得鸡犬不宁的描述。阿拉伯史学家阿里·玛斯乌迪就曾描述过他们的飞行，并介绍了这个神权主导一切的部族。其实人们挖地下城市在当时来说是完全可以理解的，因为他们对于这种飞行现象感到恐惧至极，所以每当有"他们来了"的报警呼喊声响起时，他们就自然而然地躲进了地下城市。

这会不会就是闪米特人所害怕的敌人呢？至于所谓的"飞行器"，又是一个让人费解的问题，有不少人马上联想到了外星人，因为那时的人们应该连风筝也没有，更不用说飞机了。

究竟实际情况如何，恐怕又是一个难以解开的谜了，只有等待时间让它水落石出。

铁面罩主人之谜

英国彩色故事片《铁面人》的内容是：法国国王路易十四的孪生兄长菲力普一出生就被送出了王宫。后来，路易十四得知其兄长还活着，害怕菲力普夺取王位，便下令将其兄长逮捕，囚禁在圣马格丽特岛上。内政大臣科尔伯和火枪队长达尔大尼史设计救出菲力普，并发动宫廷政变，帮助他登上王位。大仲马在小说《布拉热洛纳子爵》一书中关于铁面人的叙述与上述说法相反，是菲力普陷入囹圄，脸上永远蒙上了一层面罩。不过这个面罩不是铁的，而是用黑天鹅绒和鲸骨制成的。

究竟这面罩是否是铁制的呢？而且铁面人究竟是路易十四还是菲力普或另有其人呢？围绕着戴"铁面罩"的人的真实姓名和身份形成了种种不同的说法。

有人说，"铁面人"是前国王菲力普。他们认为，路易十四在重返王位后，就以报复心理让菲力普戴上了铁面罩，并且从一个监狱转移到另一个监狱。

铁面人永远成为了一个谜

也有人说，"铁面人"是路易十四的长兄。持这种观点的人认为，这位长兄正是法国王位的合法继承者，被凶险狡诈的兄弟以阴谋的手段篡夺了王位，但路易十四又不敢用毒药等秘密处死的方法来对待他的兄长，于是只好让他一辈子戴着铁面罩，见不得世人。这也正是"铁面罩"在监狱里不同于其他犯人，生活能够得到优待的原因。

也有人说，"铁面人"是英国国王查理一世。这是19世纪末安娜·维格曼首先提出的。然而，据史料记载，历史上的铁面人在1703年11月19日死于牢房，是一个45岁左右的中年人。据此推算，1600年出生的查理一世此时已是103岁的老者了。那么，铁面人又会不会是查理一世呢？

也有人认为，"铁面人"是秘密出卖给西班牙和"叛徒"，路易十四时代的国务秘书马基欧里，也有人认为是对宫廷机密知道得一清二楚的名叫"道塞"的人。

"铁面人"之所以成为令人费解的谜，是因为一些和"铁面人"有关的材料，早在那个时代就被有意识地加以毁坏或掩盖了。现存仅有的那些零碎的旁证材料，也互相矛盾，错误百出。何时才能解开这个谜，只有等待更多新的发现。

古堡被废弃之谜

⊙ ⊙ ⊙ ⊙ ⊙ ⊙ ⊙

在圭亚那的一个小岛上，有一座美丽的古堡，它由荷兰人所建。然而在18世纪末期，该地区被英军占领之后，古堡很快就被废弃了。这里究竟发生了什么？为何被如此迅速地废弃呢？

1616年，荷兰探险家阿德里安抵达圭亚那，并在马托鲁尼河和卡尤尼河的交汇处建立了基克——欧弗——阿尔的设防镇区。随着荷属西印度公司的成立，有计划的垦殖活动代替了漫无边际的开拓殖民地。1624年，该公司派遣了一大批垦殖者到基克——欧弗——阿尔地

小岛上被废弃的古堡已经残破不堪，但历史的谜团尚存留在其中

区，建立了一个木制要塞。

为抵御入侵，镇区司令官决定按照中世纪堡垒的建筑风格，用石墙和障碍物兴建一个军事要塞，并在其周围挖一条护壕。1744年，要塞建成，这就是保存至今的"塞兰迪亚古堡"。古堡附近有一座教堂，里面竖着三块墓碑，其中两块碑文上写着：1770年11月逝世的迈克尔·罗特及其1772年逝世的妻子。第三块墓碑碑文已无法辨认，据岛上居民说，这是一条狗的墓穴。这是神话故事还是事实呢？人们却不得而知。

1781年，英、荷间爆发战争，该地区被英军占领，但几个月后，又被法国人抢占了过去。1783年，荷兰人重新占领后，由于当地种植园主反抗而处境日趋困难。后来，一支拥有8艘军舰，1300个士兵的英国舰队驶抵圭亚那沿岸，英、荷再度发生战争，荷兰最终完全失去了这块地盘。自1803年以来，镇区就变得荒无人烟，满目荒凉，古堡最终被废弃。

是什么原因导致古堡被放弃呢？瘟疫、战乱还是荷兰殖民者的彻底衰败呢？该岛最后一批居民境遇怎样？在古堡四周有多少士兵葬身于战斗或死于瘟疫？答案尚留存在这座古堡的遗址之下，至今还未解开。

失落了的殖民地之谜

◉ ◉ ◉ ◉ ◉ ◉ ◉ ◉ ◉

一批移民早在詹姆士城建立之前，就在北美开拓了英国最早的殖民地——罗亚诺克，然而三年之后，人们却再也找不到这批移民先驱……

罗亚诺克岛是一座长19千米，宽4.8千米的小岛。它位于北卡罗来纳州东北角、离海岸不远的大西洋中。1587年7月，由沃尔特·雷利爵士出资组成的一支108人的殖民远征队伍来到了这座小岛上，建立了一座堡寨和一些房屋，一边种植谷物，一边徒劳地寻找黄金，结果不到一年就被印第安人赶回了英格兰。然而沃尔特·雷利并不甘心失败，两年以后他又出资组织了另一支由118人组成的殖民队伍。这次的带队首领是约翰·A·怀特，与他同行的还有他的女儿、女婿。

他们到达罗亚诺克岛后，马上就建立了居留营地，打算永远留居该岛。

就这样，他们以耕耘为业，并靠出售野黄樟所得的钱，从国内购买给养和日用品。后来，为了筹集更多用于过冬的食品物资，怀特就撇下他的队伍，返回英国报告情况，并组织增援队伍。

起初，怀特打算于来年再率领一队人马到罗亚诺克岛定居，谁知他返回英国后不久，就爆发了英国与西班牙之间争夺殖民地的战争。这样，从英国前往美洲的海上交通就遭到了西班牙军队的破坏，怀特一时之间无法返回罗亚诺克岛。

三年以后，即1591年，当怀特带领着一支救援队重新来到当初的移民营地时，却发现这一殖民据点的所有人都不见了，其中包括他的女儿、女婿及小外孙女——出生在新大陆的第一个英国婴儿——弗吉尼亚·戴尔。除了在这座被废弃的营地内的一棵树干上刻着"CRO"，以及在一根门柱子上所刻的"CROATOAN"等几个不解其意的字母以外，再也找不到其他可以说明他们已经迁往何处的线索了。

由于当时气候非常恶劣，怀特等人无法再继续寻找这批失踪的移民，所以他们只能离开该岛，返回英国。而人们从此就称这个英国移民在北美建立的最早的殖民地为"失落了的殖民地"。

这些最早的移民到底到哪儿去了呢？据说"CROATOAN"是附近一座岛屿和当地一个印第安人部落的名字。所以许多人就据此开始揣测起来。有的人说，失踪的移民实际上迁移到了"CROATOAN"这个罗亚诺克岛附近的一个小岛上，因为有人在该岛的一株树上也发现刻着这几个字。

还有的人则认为，这些失踪的殖民者们可能是在无法维持生计的时候投奔了这个名叫"CROATOAN"

这里曾经有一批移民，但是当怀特再次登上这个小岛时，他们已经不知去向

的友善的印第安人部落。因为在印第安人的一个传说中，居然有一个与这些失踪的移民有关的故事：有一只被猎人的银箭严重射伤的乳白色母鹿口里喃喃地念着"弗吉尼亚·戴尔"。在这只垂死的母鹿背上还长出"克罗托恩"（CROATOAN）的字样。而且大约一个世纪之后，有人报告说他们曾看见了一个长着灰色眼睛、金色头发的印第安人；但也有人认为他们有可能已经被这支印第安人部落给消灭了。此外，还有人推测说，这些移民可能被从佛罗里达来的西班牙军队给杀死了……

可是这些仅仅是猜测而已，没有任何证据能证明哪一种说法是正确的。

然而奇怪的事情又发生了。在事隔350年以后，即1937～1940年间，人们竟然在罗亚诺克岛上发现了大约40块小石片。而在这些石片上居然记刻了有关这个"失落了的殖民地"的历史，上面记载着该殖民地包括小戴尔在内的大批移民死于疾病，以及遭受印第安人和其他移民的侵袭等事情。但是许多学者都认为，这些石片是后人伪造的，上面的记载并不可信。再说，在这座小岛上也找不到任何痕迹能证实这些记载的可靠性。至于这些石片，如今都收藏在美国佐治亚州的布伦诺学院内，但不知今后有谁能识破它们的奥秘，判定它们的真伪！

这些失踪的移民究竟去了哪儿？他们的命运如何？这桩历史悬案至今未解，而美国人民为了缅怀这批移民先驱，在该殖民地建立350周年的时候，即1937年时，演出了一出歌剧《失落了的殖民地》。

伊凡雷帝死亡之谜

◉ ◉ ◉ ◉ ◉ ◉ ◉ ◉ ◉

　　1584年3月18日，俄国历史上的第一位铁腕沙皇伊凡雷帝在下棋的时候猝死，享年53岁。其实以他当时的年龄来说，突然去世也应该属于正常范畴，但他的猝死却在当时的俄国引发了种种猜测和议论，以至于官方出面对伊凡雷帝之死作了正式的说明。

　　伊凡雷帝在位51年，在他执政期间，对外，疯狂地实施侵略扩张政策；对内，高压恐怖，排除异己，残酷地镇压大贵族们的反抗，结了很多仇家。因此，伊凡雷帝是自然死亡还是他杀，自然而然地成为人们心中的疑团。

　　在伊凡雷帝猝死两个月后，他的儿子费多尔·伊凡诺维奇继位加冕。在加冕仪式上，费多尔向他的子民们郑重宣告：按照上帝的意旨，我们的父亲，已经仙逝的伟大沙皇，全俄罗斯的大公专制的君王伊凡·瓦西里耶维奇留下了地上的王国，领受了天使的圣像升入天国。而他自己也以自己统治全俄罗斯诸王的名义给他的儿子以祝福。

　　这无疑是向世人宣布，伊凡雷帝是自然死亡。为了比较充分地说明自然死亡的理由，人们对伊凡雷帝的猝死原因进行了分析说明。具体解释认为：伊凡雷帝猝死的原因，是因为心理压力太大造成。

　　伊凡雷帝3岁登基，过早地目睹了宫廷的黑暗，在尔虞我诈、血雨腥风的环境中学会如何保全自己，防备他人，心智一直处于高度紧张的状态。17岁正式加冕以后，连年的战争，耗费了大量的财物，使得国库亏空，财政危机，伊凡雷

身着盔甲的伊凡雷帝

帝的威信也直线下降。沙皇直属军团的成立，虽然在一定程度上巩固了沙俄帝国中央集权的统治，但不间断的恐怖暗杀使得国内怨声载道，政局动荡不安。再加上晚年痛失爱子和疾病的折磨，伊凡雷帝身心皆瘁，神志恍惚，身体和心理的承受能力都处于崩溃的边缘，随时可能撒手归西。

但更多的人们似乎并不满足这样的解释，这样的解释对有"雷帝"之称的伊凡之死似乎过于平淡，甚至有些遗憾。于是，对伊凡雷帝死因的探究在继续着。

1963年，在修复莫斯科克里姆林宫的阿尔罕格尔斯克大教堂时，人们趁机打开了伊凡雷帝和其他一些贵族的陵墓，并对伊凡雷帝的遗骸部分进行了化学分析。分析结果表明，在伊凡雷帝的遗骸里残存着大量的水银分子。据法医分析论证，"不能完全排除是有人用药物一下子，或缓慢地毒杀伊凡雷帝的可能"。据此，一位研究伊凡雷帝的专家首次提出他杀的看法：伊凡雷帝并非自然死亡，而是被他自己的两个宠臣波·别伊斯基和波·戈

杜诺夫害死的。但由于这种说法缺乏确凿详实的史料证明，并未被更多的人接受或进行更翔尽的研究。

根据史料分析，波·戈杜诺夫的嫌疑最大，因为他对沙皇早已怀恨在心。伊凡雷帝在年过半百，身患疾病之时，还正式向英国女王伊丽莎白一世的侄女求婚，这对身为贵族的波·戈杜诺夫及其亲属构成严重威胁。一旦伊凡四世和英国王室联姻，将对戈杜诺夫·伊琳娜的丈夫，王储费奥多尔·伊凡诺维奇极其不利。据说，有一次，暴怒的沙皇不知为什么事情要严惩王储，戈杜诺夫想替王储求情，没曾想竟也被伊凡雷帝一同痛打，致使戈杜诺夫在家躺了好多天不能到王宫去，还请了医生进行治疗。而伊凡雷帝不仅对此事不感懊悔，反而对他有了猜疑。此外，伊凡雷帝还对伊琳娜有过非分之举，也使戈杜诺夫对伊凡雷帝产生了仇恨心理。

至于别伊斯基的作案动机，则与沙皇冷酷残暴的性格不无关系。据说，伊凡雷帝在晚年的时候变得非常的脆弱，他非常害怕自己在没有忏悔、没有领受圣餐礼的情况下

突然撒手人寰。因此，他从全国各地招募来六十多名巫师和巫医，由卫队严加看管。每天，伊凡雷帝都派别伊斯基去巫师和巫医那里了解他们的占卜、预告情况，然后回来向自己汇报。可是女巫们居然告诉别伊斯基，天上最强有力的星宿都反对伊凡雷帝，并且他们还预测出了雷帝的死亡日期。别伊斯基哪敢向伊凡雷帝汇报这些啊！他隐瞒了事实。可是伊凡雷帝还是知道了占卜和预言。伊凡雷帝暴跳如雷地叫嚷，他要在预言他死亡的那一天把巫师和巫医们统统烧死，把隐瞒预言的别伊斯基推出去砍头！别伊斯基真正被沙皇逼上了绝路。于是别伊斯基和戈杜诺夫联手，把他们自己的死期变成了伊凡雷帝的死期。

不难看出，上述说法，多为推理、判断，缺乏详尽、可靠的史料依据。既然没有定论，伊凡雷帝之死也就成为一个未解之谜，有待后人的进一步论证。

太阳门之谜

◎　◎　◎　◎　◎

世界上最高的淡水湖——的的喀喀湖东南21千米、海拔4000米高的层峦叠嶂的安第斯高原上，有一座前印加时期的蒂亚瓦纳科文化遗址。自1548年西班牙殖民主义者发现了这个被印加人称作"蒂亚瓦纳科"的小村落、并向外界报道后，以精美的石造建筑为特征的蒂亚瓦纳科文化就此著称于世。自那以后，围绕这个遗址是什么时代建造的、由何人建造的等问题，讨论了4个多世纪。

这是一个分散在长1000米，宽400米的台地上的大遗迹群，地处太平洋沿海通往内地的重要通道上，遗址被一条大道隔为两半，大道一边是占地210平方米，高15米的阶层式的阿加巴那金字塔，另一边是由长118米，宽112米的台面组

成的卡拉萨萨亚建筑。该建筑至今仍完好无损，四周是坚固的石墙，里面有梯级通向地下内院，西北角就坐落着美洲古代最卓越、最著名的古迹之一——太阳门。它被视作"蒂亚瓦纳科文化的最杰出的象征"。

蒂亚瓦纳科文化是公元5世纪到10世纪之际影响秘鲁全境的一种文化。作为该文化的代表太阳门，由重达百吨以上的整块巨型中长石雕镌而成，造型庄重，比例匀称。它高为3.048米，宽为3.962米，中央凿有一门洞。门楣中央刻有一个人形浅浮雕，人形神像的头部放射出许多道光线，双手各持护杖，在其两旁平列着3排48个较小的、生动逼真的形象，其中上下两排是面对神像的带有翅膀的勇士，中间一排是人格化的飞禽，浮雕展现了一

个深奥而复杂的神话世界。这块巨石在被发现时已残碎，1908年经过整修，恢复旧观。据说每年9月21日黎明的第一缕曙光总是准确无误地射入门中央。

在印加人创造蒂亚瓦纳科文化年代，人们尚未使用有轮子的运输工具和驮重牲畜，因此在这云岚缭绕、峭拔高峻的安第斯高原上建造起如此雄伟壮观的太阳门，的确不可思议。16世纪中叶，西班牙殖民主义者见到这座庄严的古建筑时，曾认为是印加人或艾马拉人造的。但艾马拉人不同意此说，认为太阳门远为古老，是太阳神维拉科查开辟天地，建造了太阳门和蒂亚瓦纳科其他各种动人心魄的建筑群。欧美大百科全书叙述了两种传说，一种传说说是由一双看不见的手在一夜之间建造起来的；另一种传说说是那些雕像原是当地居民，后来被一个外来朝圣者变成了石头。长期定居在拉巴斯的奥地利考古学家阿瑟·波斯南斯基则在本世纪上半期提出一个假想，认为该文化年代可上溯到13000年前，它建在一个巨大的甜水湖岸上，湖水来自融化了

的冰河期的冰川，由科拉族、阿拉瓦族缔造了史前期的城市，太阳门是个石头日历，后来火山爆发或其他自然灾祸毁灭了这古老的城市和文明。然而上述这些说法仅是神话传说而已。

玻利维亚著名的考古学家、蒂亚瓦纳科考古研究中心主任卡洛斯·庞塞·桑西内斯和阿根廷考古学家伊瓦拉·格拉索用放射性碳鉴定，蒂亚瓦纳科始建于公元前300年，公元8世纪以前竣工，一般认为在公元5—6世纪。建造者可能是安第斯山区的科拉人。他们都认为太阳门是宗教建筑。不过前者认为蒂亚瓦纳科是当时举行宗教仪式的中心场所，太阳门是卡拉萨萨亚庭院的大门，门楣上图案反映了宗教仪式的场面。伊瓦拉·格拉索认为，太阳门很可能是阿加巴那金字塔塔顶上庙堂的一部分，因为把它看作凯旋门或庙堂的外门，显得过于矮小，尤其是中间的门道，稍高的人非得弯腰才能通过。美国的历史学家艾·巴·托马斯也认为遗址是科拉人建造的，但不是宗教活动场所，而是一个大商业中心、文化

中心，阶梯通向之处是中央市场，太阳门上的浅浮雕，其辐射状的线条表示雨水，两旁的小型刻像朝着雨神走去，以象征承认雨神的权威。

至于有人将蒂亚瓦纳科说成是某一时期外星人在地球上建造的一座城市，太阳门是外太空大门，那无疑是极其奇特的一种看法了。

缅因号爆炸之谜

◉ ◉ ◉ ◉ ◉ ◉ ◉ ◉

1898年1月24日，一艘美国巡洋舰驶进古巴首府哈瓦那港。这艘名为"缅因"号的军舰，在停泊一个月后突然爆炸，从而引发了第一次帝国主义战争——美西战争。

古巴是西班牙的殖民地，为了争取民族的独立和国家的自由，古巴人民在1895年，向殖民者掀起了反抗斗争。美国作为古巴的邻国，一直就对古巴垂涎三尺。早在1805年，美国总统杰斐逊就赤裸裸地表示，一旦同西班牙作战，首先要占领古巴。后来，美国曾多次企图收买或用武力夺取古巴，都因为西班牙殖民者不愿放弃自己的既得利益，而未得逞。古巴爆发了独立战争，美国并未援助古巴，而是一直在隔岸观火，以寻求适当的时机坐收渔翁之利。直到1898年初，古巴

的形势显现出明朗的态势，古巴革命眼看就要成功了，于是美国匆忙以"帮助古巴革命，保护美国在古巴侨民安全和商业利益"为幌子，将自己的战舰驶进古巴。

1898年2月15日晚，忙碌了一整天的哈瓦那港终于平静下来，只有海风轻抚着海面，发出阵阵的涛声。21时40分，"缅因"号指挥官查尔斯·D·西格斯比刚刚给妻子写完信，熄灯号吹响了。西格斯比把写好的信塞进信封，准备就寝。突然，"轰隆"一声巨响，"缅因"号剧烈地震颤一下，刹那间，浓烟滚滚、火光冲天，整条军舰变成了一个火球。接着，军舰开始迅速下沉，很多官兵还没来得及问个究竟，就已经身首异处，血肉横飞，葬身火海了。只有少数人得以

跳海逃命。事后清查人数，当时的"缅因"号上共有官兵350人，有260人在这次爆炸中不幸丧生。

消息迅速传到美国，国内上下顿时一片哗然，各大报纸都在头条位置报道这一事件，街头巷尾，也都议论纷纷。

"缅因"号为什么会突然爆炸呢？这是政府最关心的问题，也是人们议论最多的问题。为此，美国政府派出了一个四人小组赴古巴进行调查，结果指出，"缅因"号是被海底水雷或鱼雷击中爆炸的。并且，在没有进行进一步举证的情况下，一口咬定是西班牙人干的。

西班牙方面则急忙发表声明，说"缅因"号的爆炸与自己没关系，并向美方建议联合调查此事，遭到美方的拒绝。为了还自己一个清白，西班牙方面还是派人对"缅因"号爆炸事件进行了调查，并向公众公布了调查结果："缅因"号爆炸的原因可能是由船头弹药引起的。为了取得更为确凿的证据，西班牙再次向美国方面建议，潜水检查爆炸后的船体，但再次遭到拒绝。4月20日，美国向西班牙发出

最后通牒，逼其全部撤出古巴。西班牙政府也断然予以拒绝。4月25日，美国正式向西班牙宣战，美西战争就这样爆发了。3个月后，美西战争即以西班牙的彻底失败而告终。1898年12月，美国和西班牙在巴黎签订和约，西班牙让出了古巴和菲律宾。

事情过了很多年，人们对"缅因"号爆炸的真正原因仍在怀疑：西班牙人为什么要炸"缅因"号？美国人为什么不让西班牙人协助调查？美国人为什么不将"缅因"号捞出海面进行详细的调查，而是将其拖入大西洋，使之永沉海底？难道其中有什么不可告人的秘密吗？

据说，美国人在后来曾经再次调查过"缅因"号爆炸的原因，并且发现"缅因"号是由于船体内部原因引发爆炸的。但调查工作还未最后完成，就被来自上面的命令制止了，所有调查资料都被没收。这使"缅因"号爆炸事件显得更加神秘，并隐含了某种政治原因在其中。难道"缅因"号爆炸事件真的是美国用以挑起事端，发动战争，以争夺古巴这一战略要地所设的苦

肉计吗？

美国确有此嫌疑。

1910年，在"缅因"号爆炸后的第12年，美国政府对"缅因"号进行了打捞残骸的工作，但他们并没有把所有残骸打捞上来运到陆地，而是将爆炸时被损坏的船头部分切割下来运走，船身和船尾则被拖往大西洋，沉入深海海底。更有来自美国高层内部的确凿消息证实，"缅因"号爆炸事件是因为内部因素所致。

既然确定了"缅因"号爆炸的原因是内部所致，那么引起爆炸的具体原因是什么呢？

一种说法是"缅因"号上的锅炉发生故障引起爆炸，城门失火，殃及池鱼，导致船体整个爆炸。

还有一种说法是存煤自燃引起船体爆炸。因为，在"缅因"号发生爆炸前两年，美国的巡洋舰"津那"号和"纽约"号也曾发生过类似的煤砖自燃起火事件，不过这两起事故都因海水进入船舱熄灭了大火而避免了灾难。"缅因"号只是没有那么幸运而已。

以上两种说法都是人们推断出来的，不具备强有力的说服力。但无论如何，因"缅因"号爆炸而丧生的那260名官兵，和在随后爆发的美西战争中丧失生命的人一样，都是"殖民霸权主义"的牺牲品。

与"缅因"号失事较相似的瞬间

恐怖的幽灵船之谜

◉ ◉ ◉ ◉ ◉ ◉ ◉ ◉

历史上曾多次出现过诡奇的"幽灵船"事件，一艘完好无损的大船在海上漂荡，而船上却空无一人……

这是1873年12月5日下午3点左右的事。

由美国经过大西洋、朝向直布罗陀港航行的货船——"德克拉吉亚"号，在海洋上碰到一艘奇怪的船。

帆船在北风徐徐的吹拂下，并没有完全张开，船身摇摇欲坠，如醉酒般地前进。

仔细一看，才知帆已松弛下垂，只是顺着风向漂流而已。"德克拉吉亚"号的船长——摩亚哈斯用望远镜仔细观察船上的情形，却露出困惑的表情，趋近一看，可知该船有两枝桅竿，大约有二百多吨，而船身与其说是定点前进，不如说是漫无目标地随风打转。

摩亚哈斯船长不断发出信号，但丝毫没有回音。

到了直布罗陀港，才知道就在"德·克拉吉亚"号碰到"玛丽·塞雷斯特"号之前一天即12月4日早上，在亚速尔群岛的岸边，一艘英国轮船"高地"号也与"玛丽·塞雷斯特"号擦身而过，当时，两船都还互相发出平安无事的信号。

而"德克拉吉亚"号是于翌日的下午3点左右发现"玛丽·塞雷斯特"号的，所以其间仅隔一天半时间。

随着调查的进展，得知"玛丽·塞雷斯特"号是载着酒精，由纽约前往意大利热那亚的途中。

并且也同时得知，船上除了船长普利克斯及其夫人赛亚拉以及2岁的女儿苏菲亚之外，还有10名船员。

那么，"玛丽·塞雷斯特"号里的人又是为什么突然消失的呢？有以下几种可能：

第一，被海盗劫走。但是，这个意见几乎没有人赞同。因为，如果遭到海盗抢劫，船内应该残留打斗后的迹象。可是，不仅完全无此迹象，重要的财物也没有损失。

第二，船长发现船侧受到轻微的碰损，担心整个船沉浸，或是碰撞到大型流木之类，觉得危险才紧急逃生的。

虽然这个理由还说得过去，但是全员逃生不可能只用一艘小船。况且，因为惊慌失措而逃离主船的情况也令人难以理解。

第三，载运的酒精经过强烈的日晒后，突然释放大量的瓦斯，船员有感于船身会爆炸之虞，才匆忙逃逸的。

这个意见似乎最有道理，然而同样地仅靠一只小船能载着13人逃生，这一点还是说不过去。

假定这个意见是正确的，后来

该船并没有到达任一港口，而就算全员皆亡故，为什么没有一具尸体被发现呢？

美国政府相当重视"玛丽·塞雷斯特"号事件，其后的三年间也竭尽可能调查，但是终究无法解开这个"无人船"之谜。

综观这些各式各样的消失事件，大概可归纳出几个共同点。

不论阿拉伯半岛的拉达部落、阿拉斯加的安吉克尼湖畔的人们，以及后来的"玛丽·塞雷斯特"号等，全部都是在用餐的时候出事的。

随着时间的流逝，"圣玛丽亚"号已开始逐渐被人们遗忘了。然而1903年8月，它却突然又成为人们议论的中心。原来，一艘名叫"埃及女皇"号的英国商船，竟然在离里约热内卢数千海里的巴哈马群岛附近海域上，又发现了它的踪影！

当"埃及女皇"号的船员发现失踪多年的"圣玛丽亚"号出现在前方不远的海域时，他们又惊又喜。"埃及女皇"号追上它以后，水手们爬上这条船的甲板。他们大吃一惊地发现：船上一个人也没有，但装载的货物依然摆放得井井有条，一点也不少。船员们检查了船长室和水手舱，发现钱款和值钱的私人物品都在。船上没有发现任何暴力抢劫的痕迹，啤酒桶也完好无损，只是有些桶的盖子已经被掀翻。

这一奇怪的事情引起全世界航海家的兴趣。人们众说纷纭，莫衷一是，对"神秘的空船"提出了种种假设。其中有一种说法比较有说服力。

英国人霍华德·怀特博士是一个海事权威。他认为"圣玛丽亚"号事件的关键就是那几桶被掀开了盖子的啤酒。当船行驶到赤道附近时，因为温度升高导致啤酒桶里的气体受热膨胀，一旦发生爆炸，其威力不可小视。当时或许就发生了这种事，不过啤酒桶没有发生爆炸，只是桶盖被胀翻了。水手们大惊小怪，甚至惊慌失借，纷纷弃船逃生。因为据调查，这艘船上的水手都是新招募的生手。在一片混乱之中，船长也被人裹胁而去。而船员逃跑的水域暗礁遍布，他们的救生艇没有驶出多远便触礁沉没，全体船员因此无一生还。

"圣玛丽亚"号则在潮流的推动下，朝巴哈马群岛漂去。人们不能肯定这种说法就一定正确。因为毕竟船长是一个有经验的人，见多识广，他完全可以向人解释清楚究竟是怎么回事。再说，那些可怜的水手们自己逃命也就是了，不何非得逼船长一起"下海"呢？

莫斯科大火之谜

◉ ◉ ◉ ◉ ◉ ◉

在征服事业达到登峰造极之时，不可一世的拿破仑将军攻入俄国，在攻下莫斯科之后，突然的大火使他不得不仓皇逃离莫斯科。那么是谁放的火呢？

19世纪初，欧洲大陆战火不断，各国纷争变幻莫测，各种"同盟"朝结夕散，造成这种局面的原因很简单，那就是各国都想争得欧洲霸主的地位。在这所有的争霸战中，尤以法国与俄国之争最为激烈。欧洲其他国家为了抵御法国，纷纷结为同盟。由英、俄、普鲁士、奥地利等国先后六次组成反法同盟，前五次均告失败，只有第六次获得了胜利，这次胜利彻底击败了拿破仑，使俄国登上了欧洲霸主的地位。

其实，拿破仑最初的军事行动主要是针对英国的，在计划失败后，他开始把矛头对准俄国。在他看来，只有击败了俄国才能最终战胜英国。于是，在1821年6月24日，拿破仑对俄国不宣而战。

战争刚开始的时候，俄国由于没有防备，所以非常被动，俄军很快溃败，国土大片丧失。法军进入了莫斯科，可莫斯科几乎是一座空城，很多地方都在起火。9月17日晨，拿破仑突然从睡梦中惊醒，他跑到克里姆林宫的窗口向外眺望，发现莫斯科城火焰蒸腾，火花爆溅，当时就被吓得面色如土。他一边大叫着"多么可怕的景象"，一边同身边的随从一起狼狈地逃出莫斯科。这场来势凶猛的大火整整烧了一个多星期，当大火熄灭后，昔日风光绮丽的莫斯科变成了一片令人心悸的废墟。

由于莫斯科的被烧，法军无法从莫斯科取得补给，同时由于法军挺进太深，后方援助不能及时到达，法军的粮草供给非常紧张，在不得已的情况下，10月19日，拿破仑被迫从莫斯科撤军。

得知法军撤退的消息后，俄军在沿途不断予以阻击，迫使拿破仑不得不随时改变撤退路线，到12月，拿破仑才终于撤出了俄境。虽然逃离了俄国，但损失惨重，军力损失达47万余人。

对于拿破仑这次军事冒险的失败，人们称不足为奇，可对于莫斯科当时那场罕见大火的起因，多少年来，却一直争论不休。

根据正史记载，那场大火应该是莫斯科人自己放的。当年由于敌强我弱，库图佐夫决定放弃莫斯科，莫斯科人民也决定随俄军一起撤退，为了不给入侵者留下任何有用的东西，莫斯科居民忍痛放火烧了莫斯科城。拿破仑就一直认为"放火烧城"是莫斯科军政总督罗斯托普金蓄意谋划与部署的。因为当法军企图救火时发现，偌大的莫斯科城内居然没有一件消防水龙头和灭火工具，显然是事先有人把它们都运走了。另外，城里城外同时起火，显然也是有计划、有部署的预谋。而当时法军逮捕了一些纵火嫌疑人也交代是罗斯托普金指使他们这样干的。据说，罗斯托普金在后来也曾说过，是他命令放火烧城的。从战略的角度看，放火烧城的决定虽然代价惨重，但却十分正确。这是一次十分勇敢的"焦土政策"，它表明了俄国人民不惜一切代价抗击侵略者的决心。若真正追究放火的元凶，应该是法国人，正是由于他们的入侵，才迫使莫斯科人民不得不烧毁自己美丽的家园。

可也有人不同意这样的说法，他们认为莫斯科大火并非俄国人自己放的，而是进城的法军干的："他们夜进民宅，点起蜡烛、火把、柴火照明，喝醉酒后不慎引起大火。"俄国大文豪托尔斯泰在他的小说《战争与和平》中就持这样的观点。更为激进的说法则是，法国人蓄意纵火。苏联的一位历史学家就在他的论著中这样写道：看到莫斯科大火的俄国人证明，拿破仑是事先有计划地来焚毁和破坏莫斯科的。

在俄国当时的史料中还有这样的记载：莫斯科人民不愿自己的财产落入法国人之手，他们忍痛烧毁自己的财物，可法国强盗烧得更多！俄国人和法国人一起烧毁了莫斯科。据后来在法国军队中服役的一些人承认，上面所说的情形的确都存在。

俄罗斯的爱国诗人曾在诗中对那场大火进行了如此的描述："在燃烧的天空下，在燃烧的地上，穿过两旁的火墙走。"走的人当然是狼狈不堪的法国侵略者，火虽然烧得痛快，烧跑了侵略者，但毕竟烧毁了莫斯科人民可爱的家园。无论谁是真正的纵火者，我们都不希望这样的场面在人类历史上再次重演。

加尔各答黑洞之谜

◉ ◉ ◉ ◉ ◉ ◉ ◉ ◉

这是英国殖民者中流传的"悲惨的夏夜故事",它为英国的野蛮征服制造了借口,是南亚次大陆200年殖民地悲剧的开端,而它的真相却是……

在印度和南亚次大陆各国历史上,1757年6月的"普拉西之战"永远不能被人忘怀。单单从军事角度来看,它也许只能算是一场小规模的战斗:克莱武率领英国殖民军同孟加拉军队交战,英国士兵70人被击毙,孟加拉军队士兵阵亡600多人。但是,这场战役却是历史的一个界碑:它开启了印度和南亚次大陆200年殖民地的屈辱历史。

普拉西之战的导火线,就是著名的"加尔各答黑洞事件"。在18世纪的英国,它被一些人渲染得如此"悲惨",足以证明被征服者的

"野蛮""残忍",殖民征服行为"合情合理"。英国借此事先征服孟加拉,后逐渐将整个印度纳入囊中。

孟加拉当时是印度莫卧儿帝国辖下的一个封建小王国。同印度其他地方一样,由于英国殖民势力渗入,这里的封建统治急剧衰落。纳瓦卜(统治者)阿利瓦迪汗力图重建正规的政治制度,清除封建腐败,但收效甚微。1756年4月9日,阿利瓦迪汗年老病故,因为没有儿子,他临终指定自己最喜欢的外孙道拉为继承人。这种安排遭到另两个女儿的反对和嫉妒。大女儿加西蒂贝加姆和二女儿的儿子绍卡特·姜格背地里就一直秘密策划,企图阻止道拉继任纳瓦卜。他们还同英国人暗中联络,取得支持。

道拉最后还是继承了纳瓦卜之职。不过，在他面前展开的并不是一条平安大道。表兄弟们时刻窥视着他的王位，英国人也不把这位年仅23岁的新国王放在眼里。英国人不但在加尔各答的旧炮台上架起了大炮，还在一旁修筑新的炮台。这一切都没有得到道拉的同意，甚至没有通知他一声。另外，英国人明知会激起道拉的愤怒，还是答应给一些正受追究的腐败官员以保护。

道拉对英国人痛恨不已。他命令英国人拆除擅自修建的防御工事，交出受他们庇护的贪官污吏，但是英国人置若罔闻。为了维护自己的尊严和权力，道拉决定先发制人，把英国人赶出孟加拉。6月4日，他率领由几万人组成的队伍，浩浩荡荡地开往加尔各答。6月21日，加尔各答东印度公司的负责人德雷克和威廉堡的守军长官霍威尔明知不敌，弃城投降。

按照后来广为流传的说法，道拉手下那些怀有强烈民族情绪的孟加拉士兵把被俘的英国人（包括伤兵）一股脑儿地关进一间小屋。当时正值盛夏，而屋子通风很差，只

有一扇小窗户，里面非常阴暗。翌日凌晨，英国殖民军官克莱武和沃森率领一支3000人的队伍从马德拉斯出发，重新攻占了加尔各答。人们打开房门时发现，146名英国俘虏中已有123人窒息而死。这就是著名的加尔各答"黑洞事件"，它很快就传到英国，马上引起轩然大波。

6月23日，克莱武在加尔各答以北83千米的普拉西，同道拉率领的孟加拉军队会战。由于道拉手下的将军贾法尔事先被克莱武收买，临阵叛卖，按兵不动，英国殖民军队获胜。几天后，道拉也惨遭杀害，孟加拉从此沦为英国殖民地。历史学家们大多公认：普拉西之战，标志着印度沦为英国殖民地之始。

克莱武正是借"黑洞事件"无所顾忌地大行殖民侵略，他后来还公然在英国议会下院炫耀自己的强盗行为。然而却有不少历史学家认为：所谓"黑洞事件"其实被人蓄意大肆渲染了，其中也不乏一些当事人的杜撰。

辛哈和班纳吉在他们合著的

《印度通史》中写道："一般认为'黑洞事件'的说法有它错综复杂的地方，很难和事实一致。"他们经过考证提出，当天晚上来不及撤离加尔各答的英国人不可能有146人之多，至多也只有60人。至于后来被夸大成为146人中的123人死亡，这大概是霍威尔所为。而巴基斯坦学者拉希姆在其著作《巴基斯坦简史》中提出：根据另一位当事人——加尔各答东印度公司的负责人德雷克的说法，被俘的英国人有39人，其中有16人在那天晚上死于"黑洞"之中。

很明显，正因为加尔各答"黑洞事件"成为英国对南亚次大陆进行殖民侵略的借口，人们才在研究这段历史时对它备加关注；但正如一个寓言故事中所讲的：狼要吃羊，总能找到借口。一些历史学家还利用史料对"黑洞"的大小进行了考证，他们得出的结论也各不相同。弄清这些史实当然是最重要的，但或许人们还应该问一声：英国在印度和南亚次大陆共有两百年殖民统治的历史，殖民奴役造成无数灾难和悲剧，这个"黑洞"到底有多大呢？

圣马丁引退之谜

◉ ◉ ◉ ◉ ◉ ◉ ◉ ◉

这是决定南美洲解放事业最重要的一次会议，南美大陆的两位巨人在这里会面，但事态的发展出乎人们的意料，随着两位当事人的去世，"瓜亚基尔会议"成为一个永久的谜……

厄瓜多尔最大的城市瓜亚基尔是一座风光迷人的海滨城市。它前临碧波浩瀚的太平洋，后依巍峨葱郁的圣安娜山和圣卡门山，风景如画。城市中心是著名的"世纪广场"，广场上耸立着一座雄伟的解放纪念碑。从这里沿着瓜亚斯河漫步，我们可以看见壮观典雅的市政大厅，人潮涌动的街道，以及点缀其间的无数美丽花园和雕塑。其中有一座雕塑颇为引人注目：南美独立战争中的两位风云人物——玻利瓦尔和圣马丁紧紧握手。塑像是为

了纪念这样一个历史事件：1822年7月26日，玻利瓦尔和圣马丁在这里举行历史性的会晤。

众所周知，玻利瓦尔（1783~1830）和圣马丁（1778~1850）是带领南美大陆各国人民反抗西班牙殖民统治，从奴役走向自由的英雄。圣马丁出身于阿根廷军人家庭，早年赴西班牙学习，后参加西班牙军队。1812年，他毅然抛弃了安逸的生活和锦绣的前程，回到祖国，投身民族解放事业。自1814年到1821年，他率领军队先后转战阿根廷、智利和秘鲁等地，多次打败西班牙殖民军队，为这些国家的最终独立立下汗马功劳。在秘鲁，圣马丁还荣膺"护国主"的称号。

玻利瓦尔则被誉为南美大陆的"解放者"。他出身于加拉加斯贵

族家庭，早年也曾经在欧洲受教育。1810年，他参加领导委内瑞拉独立战争，后投身于哥伦比亚、厄瓜多尔、秘鲁和玻利维亚人民解放事业，功绩显赫，声誉卓著。

虽然两位伟人在为同一个目标奋斗，但他们以前素未谋面。1822年，南美洲民族解放斗争进入关键时期。这一年，玻利瓦尔率军队解放了基多省（今厄瓜多尔），秘鲁"护国主"圣马丁前来瓜亚基尔与他会晤。7月26日，这两位解放英雄的双手终于紧紧地握在了一起。第二天，两人进行秘密会谈，之后还一起参加了盛况空前的宴会。席间，玻利瓦尔举杯向圣马丁敬酒："为南美洲两位最伟大的人物——圣马丁将军和我本人，干杯！"

可奇怪的是，就在7月28日凌晨，圣马丁不辞而别，突然回到秘鲁。紧接着，他在9月份又发表辞职演说，交权让位，悄然回到自己的家乡阿根廷。1824年，圣马丁赴法国，侨居终老。

圣马丁和玻利瓦尔"瓜亚基尔会谈"的内容是什么呢？圣马丁为何在南美解放事业的鼎盛时期突然引退呢？这就是所谓的"瓜亚基尔迷雾"。

多少年来，人们试图根据会议留下的一些蛛丝马迹，揣测圣马丁突然离去的原因，从而揭开这一事件的神秘面纱，可直到现在还没有什么结果。

从圣马丁写给玻利瓦尔的书信以及圣马丁后来的回忆来看，瓜亚基尔会面可能是两位领导者为了某些重大问题进行的一次协商。

有人断定，瓜亚基尔会面后，圣马丁对玻利瓦尔和这次会晤十分失望；同时，他又感到自己从军32年，鞍马劳顿，疾病缠身，无论如何不能与年轻力壮、雄心勃勃的玻利瓦尔相比。心灰意冷之下，他最后决定辞职交权，带着年幼的女儿远渡重洋，侨居欧洲，安度晚年。

也有人认为，圣马丁是一个道德修养很高的人。虽然他与玻利瓦尔在许多问题上意见分歧，但他害怕一旦发生争执，就会给西班牙殖民者以可乘之机。为了顾全大局，为了实现南美大陆所有人民的自由幸福，圣马丁主动交出军权，退出政治舞台。

这在圣马丁的一些书信中就可以清楚地看出："秘鲁同时容纳不下玻利瓦尔和我"，"为了美洲的胜利，让他们（指玻利瓦尔）进来吧"，"美洲因我们的不和而流出的每一滴血，都会使我感到痛苦；美洲因我们的不愉快而流出的每一滴血，都直刺我的心房"。

虽然我们还不知道，圣马丁究竟为什么自愿退出南美独立解放斗争，但最后斗争的结局可以令人满意：玻利瓦尔于1824年解放了秘鲁全境，西班牙殖民者盘踞的最后堡垒土崩瓦解，南美三百多年的殖民统治宣告终结。我们相信，这也是圣马丁希望看到的。

拿破仑死亡之谜

◎ ◎ ◎ ◎ ◎ ◎ ◎

拿破仑的一生充满了传奇，其间连缀着一个个无法破解的谜团。

关于拿破仑是如何在最后的时刻辞别人世的，历史学家们存在着种种不同的猜测。本来，拿破仑是一个虽然矮小，但体魄强健的人。他的英年早逝，不管有多少贴切的解释，也难以平息人们的种种疑团。

是一种什么力量能够征服拿破仑的身体呢？是圣赫勒拿岛恶劣的气候吗？一百多年来，关于他死因的种种猜测交互叠加，这个问题便越发地疑雾重重。

拿破仑·波拿巴在1769年出生于法国外省科西嘉岛上一个破落的贵族家庭。1804年，他登上帝位，建立了法兰西第一帝国。

拿破仑的权利欲望和野心也随着他个人事业的快速推进而不断地

膨胀着，最终导致法兰西帝国卷入争霸和掠夺的战争。在以后的岁月里，他曾两次退位，最终被英国人囚禁在大西洋上的圣赫勒拿岛上，并死在那里。也正因为他死在圣赫勒拿岛上，才使他的死因出现了种种猜测与怀疑。

1815年10月16日，诺森伯伦号轮船把拿破仑送抵圣赫勒拿岛。开始了他的流放生活。登岛初期，拿破仑的心情表现得很松弛，或者说比较乐观。这时的他，身体是健康的。他每天上午口述回忆录，学习英语，晚上经常同邻居们共同吃饭，坚持锻炼身体。

是一种什么力量促使他积极地生活着呢？那就是他希望欧洲的政局会有所改变，人们会允许他再回到故乡欧洲。但是，三年后的1818

年年初，传来了夏洛特公主因难产而死的消息，他因此而判定，自己梦回欧洲的幻想破灭了。

最终，拿破仑拟定了一个利用替身潜逃的计划。这个计划本来是天衣无缝的。但是，也许是上帝的悉心安排，它在这个重大的阴谋过程中做了一个小小的手脚，让那个可怜的替身在一个不大的海浪袭来时葬身大海。拿破仑一时老泪长流，仰天长啸——天命不可违，这是命中注定！自此，拿破仑精神委顿，一病不起。

1819年，他的身体状况糟透了，疼痛剧烈得经常导致他昏迷。牙齿不断脱落、恶心呕吐、浑身乏力。当时的英国医生说他患了肝炎，并且怀疑他患了癌症。总督认为医生的观点是不能容忍的，因为肝病正好证明了圣赫勒拿岛的环境恶劣，这正是英国政府忌讳的。

1821年4月，拿破仑病重，他说这是来自体内的滑铁卢，他预知自己快要死去，于是便亲自写下了遗嘱，并在上面签字。

5月5日，他呼吸微弱，岛上所有的法国人都到了他屋里。离他

一生充满了传奇色彩的拿破仑

最近的人听到了他最后的话："法兰西……军队……先锋"。下午，差11分18点，拿破仑与世长辞。这时，暴风雨来到小岛，全岛震动。

这位曾经把欧洲搅得天翻地覆

的人，在他生命的最后几年中，忍受着与祖国、亲人分离的折磨与痛苦，坚强地走完了他的一生。

拿破仑死后，遵照死者生前的遗嘱，他的私人医生安托马先生亲自为他解剖了尸体。在整个解剖过程中，共有6名医生和十几个来自英国、法国的官员在场。虽然在医生们最终提交的四份解剖报告上的陈述并不完全一致，但有一点是相同的：拿破仑"胃部靠幽门的地方有溃疡"。因此对于拿破仑死因的最终诊断是：死于胃癌。一个医生发现拿破仑的肝脏异常肿大，认为他也许是死于肝病。不过，胃病也好，肝病也好，终究是因病死亡，也就相当于自然死亡。

1840年10月，法国人将拿破仑的遗体从圣赫勒拿岛运回巴黎，安葬在塞纳河边的荣誉军人院。据说，当拿破仑的棺材被打开时，人们都惊呆了：拿破仑的遗体在土中掩埋了20年却完好无损，依然栩栩如生。1982年初，瑞典医生、毒物学家斯坦·福舒夫伍德的《谁是杀害拿破仑的凶手》一书出版，引起轰动。在书中，他将拿破仑的这种异常现象解释为"慢性砒霜中毒"。

终于可以证明拿破仑是死于非命了！法国人和其他对拿破仑死因持怀疑态度的人也终于证明自己的猜测是正确的。斯坦·福舒夫伍德认为是随从蒙托隆不断地在拿破仑饮用的葡萄酒中投放小剂量的砒霜，使其慢性中毒而死。斯坦·福舒夫伍德的这种观点得到很多人的认同也被广泛地流传着。

英国历史学家戴维斯·琼斯则认为拿破仑的死因，是由于其居室中含砷墙纸慢性挥发所导致的砷中毒所致，加拿大学者为此对拿破仑的头发进行了测试，发现其中并未含有过高的砷含量。

后来又有人对拿破仑的头发进行了化验。这个实验是由法国原子研究中心主持的。化验结果是，拿破仑头发中砷含量高达39.56%，而正常人发中应是0.8%。

拿破仑死亡之谜之所以长期引发人们的兴趣，显然跟人们对这位英雄的"崇拜"有关。至于此谜何时才能解开，恐怕有待于资料的进一步发现。

林肯遇刺之谜

◉ ◉ ◉ ◉ ◉ ◉

林肯是美国历史上最富有传奇色彩的总统之一，他神秘地遇刺身亡，也成为美国历史上最大的疑案之一……

1861年4月14日晚，华盛顿，美国总统林肯邀请格兰特将军及夫人去福特剧院观看歌剧《我们美国的表兄弟》。当林肯步行到陆军部的时候，突然有一阵不祥的预感袭来，他停下脚步，犹豫了一下是否有必要取消去剧院的计划，但他很快就打消了这个念头，为安全起见，他亲自要求作战部长斯特顿派一个名叫"埃克特"的陆军上校做自己的警卫，可斯特顿却告诉总统，埃克特当晚有任务，于是一个叫"布莱恩"的军官担任了总统当晚的警卫。

演出很吸引人，当剧情达到高潮时，有人溜进了总统的包厢，一声枪响，子弹击中了总统的后脑，总统应声倒下。4月15日早上7点22分，亚伯拉罕·林肯总统因抢救无效死亡，遗体摆放在白宫东厅。

亚伯拉罕·林肯，是美国历史上最受欢迎的总统之一，也是美国历史上最富传奇色彩的总统之一。他在1809年出生于一个农民家庭，靠个人不懈的努力和执着的追求跻身美国政坛。他当过伐木工、船工，从事过律师等职业。从政后，他先后当选为州议员、联邦众议员，直至美国总统。他主要的政治主张是维护联邦统一，废除奴隶制度，因此在美国历史上享有很高的地位。然而，就是这样一个伟大的政治家，在领导全美国人民度过了那场关系到国家生死存亡的南北战争后，却死在了和平时期的子弹下。一百多年来，林肯遇刺事件一直是美国历史上的一件疑案。

据说，林肯之所以会遇刺，是因为他触怒了南方叛乱者，因为在南北战争中，他领导北方取得了反对南方分裂运动的胜利。不杀他，难消南方叛乱分子的心头之恨。

在他遇刺前不久，他还做了一个奇怪的梦，并把这个梦讲给自己的亲信瓦备·雷门听。在林肯遇刺后，瓦备·雷门将总统生前做的这个梦讲述给了世人听。

"……我很晚就寝，入睡不久就开始做梦，梦境中感觉周围像死一般的寂静。突然我听到什么地方传来的呜呜咽咽的声音，像是有人在哭泣，我于是起床，迷迷糊糊地循声走去。

"我下了楼，楼下的寂静被哭声打破，可我没有看到哭泣的人。我来到了东厅，看到那里聚集了很多人，一个灵枢摆在大厅中央，里面躺着一个人，他的面部被蒙上了，周围有很多士兵守卫。在这些人中，有的人在伤心地痛哭，其悲痛欲绝的样子实在令人心酸；有的

人则愁容满面地看着灵枢里的尸体，表情麻木。我上前去问，白宫里谁死了？一个卫兵回答说，是总统，他遇刺了。"

林肯的这个梦与他遇刺后的很多地方非常接近，就像事先曾经进行演练过一样。林肯遇刺后，刺杀林肯的凶手慌忙逃跑，在跳下窗口时将脚碰伤，警察循着血迹找到了他，可他却负隅顽抗，结果被围捕的警察开枪击毙。

刺杀总统的凶手到底是谁？他是怎样绕过警卫溜进包厢的呢？人们非常想了解这些问题，可直接的证人已被击毙，只好从其他方面着手进行调查。

经过一番努力，事情终于有了一些眉目。凶手叫"约翰·韦克斯"，职业是演员，据说在内战期间，他最初是站在北方这边的，但后来不知道为什么却转而同情南方。他曾不止一次地对人表示过想要杀掉林肯，一方面可以除去这个新执政者，另一方面，干掉林肯是一件多么荣耀的事啊，那肯定能使自己名垂青史。正是基于以上动机，他刺杀了总统。官方的调查结

果是这样陈述的。可很多人对此种结论颇不以为然，他们认为刺杀总统一案另有玄机。

前面提到，在去剧院之前，林肯曾经有过不祥预感，并向作战部长点名要埃克特陆军上校担任自己的警卫，当时被推辞说埃克特上校已经有任务在身。事实上，埃克特那晚并没有去执行什么任务，而是整晚都呆在家里，不知作战部长为何要撒谎？而那个代替埃克特执行警卫任务的布莱恩，据说行为一贯不轨，口碑非常的不好，可他却是由林肯夫人亲自指定的，其中又有什么奥妙？至于对凶手的追捕，本来完全是可以抓活口的，可最终落得个死无对证，是谁开枪打死他的呢？又是谁下命令要求这么干的呢？更令人费解的是，在后来的凶手缉拿报告中竟赫然填写着：凶手自杀身亡。

1926年，林肯的儿子罗伯特·托德·林肯逝世，在他去世之前，他焚毁了父亲的一些私人文件。事后，他告诉朋友说，之所以销毁那些文件，是因为文件中记载了内阁有一个人犯有叛国罪的证据。情况是否属实，现在已无法得知。可罗伯特为什么不将这些证据公布于众，而是付之一炬，也成为了谜中之谜。

一代为和平而奋斗的伟人，莫名地停尸于白宫之中，给他的遇刺蒙上了一层神秘的面纱

风城失火之谜

◎ ◎ ◎ ◎ ◎ ◎

1871年10月8日，是个星期天，美国芝加哥街上挤满了寻欢作乐的人。天气渐渐昏暗，忽然，城东北一幢房子起火。消防队接到警报，还来不及抬出装备，第二个火警便接踵而来，离第一个火警3千米外的圣巴维尔教堂也起火了。立即分拨一半人去教堂。随后，火警从四面八方传来，消防队东奔西走，不知救哪处为好。

芝加哥号称"风城"，火借风势，越烧越旺，全城在第一个火警发出一个半小时后陷入火海之中，任何力量也没法抵御火神的进攻。惊慌失措的市民逃出了房子，在街上瞎跑乱撞，都想找一个没火的庇护所。平民靠两条腿逃离火区。富人弃了马车，骑上惊马向市郊突围，一路踏死了不少人。幸亏火警

早，人们均未入睡，全城被烧死和惊马踏死的有千余人，另有几百人在郊区公路上倒毙。大火延续到翌日（10月9日）上午，中心闹市化为瓦砾，17000座房屋全毁。据救灾委员会报告，全城财产损失达15亿美元（相当于现在的20多亿美元），12.5万人无家可归。

这场火灾的肇事者是谁呢？报纸说是一头母牛碰翻煤油灯，触燃了牛棚，蔓延于全城。人云亦云，市民深信不疑。

在现场指挥救火的消防队长麦吉尔，对这个轻率的结论嗤之以鼻，他在调查证词中说："到处是火。而在短时间内，燃遍全城的这场火灾，是由某间房子开始而蔓延到大面积的，这完全不可能。如果不是一场'飞火'，又怎能在一瞬

间使全城燃成一片火海呢？"

目击者言之凿凿："整个天空都好像烧起来了，炽热的石块纷纷从天而降……""火雨从头上落下"。同一天晚上，芝加哥周围的密歇根州、威斯康星州、内布拉斯加州、堪萨斯州、印第安纳州的一些森林、草原，也都发生了火灾。这火是怎么烧起来的呢？

靠湖边的一座金属造船台，被烧熔结合成团，而其周围却无其他大建筑物。城内一尊大理石雕像被烧熔了，这要多高的温度？木屋之火不过两三百摄氏度，不可能熔化金属和岩石。

几百人奋勇窜出火海，死里逃生，庆幸来到郊区的公路上。可是，他们离奇地集体倒毙了。尸检鉴定，他们的死与火烧无关。

总之，谁也不再相信一头母牛碰翻油灯烧掉芝加哥的鬼话了。那么，谁是罪魁祸首呢？美国学者维·切姆别林研究了许多天文档案，比较了大气和火灾之间的关系，得出"流星雨引火"的假设。彗星是制造流星雨的来源之一。捷克天文学家维·比拉于1826年曾发

现过一颗，命名为"比拉彗星"。比拉彗星6.6年绕太阳一周，1846年擦过地球时，彗核已分裂成两半。1852年，分裂后的两半彗核相隔240万千米，不久就失踪了。

1871年10月8日，彗核之一擦过地球，交会点恰巧在美国。于是，流星雨撒落下来，大部分在大气层中摩擦烧完，残余的陨石落到地面，具有极高的温度，足以使金属、石头熔融。芝加哥首当其冲，即被"天火"焚毁。附近各州也溅落"天火"，引起一些森林、草原同时起火。陨落物含有大量致命的一氧化碳和氰，可以形成小区域的"致命小气候"，使人不焚而亡。几百人逃到空荡荡的郊区公路上，正好进入"死亡区"。

切姆别林的上述假设言之有理，为母牛彻底平了反。但尊重事实的科学家不以为然，因为至今没有任何实物能够印证切姆别林的假设：例如当时掉在芝加哥的陨石碎屑，遭"天火"污染过的土壤、树木样本，还没有找到一件呢。再说，即使彗星物质与地球相遇，也不会造成灾难性的事件，不待陨石坠地，

早在高空被焚烧净尽了。个别落到地表的陨石不可能酿成火灾，因为陨石擦过大气层产生的高温只限于表层，内部仍旧是冰凉的，到达地面哪有发火之力呢？

芝加哥大火至今是世界之谜。

切姆别林的"流星雨引火说"尽管没有证据，但人们也拿不出证据把它推翻。人类从这场争论中，起码得出了这样的结论：应当警惕天外之火，提防流星雨、彗星屑的袭击。

李熙死亡之谜

◉ ◉ ◉ ◉ ◉ ◉

1863年12月8日，朝鲜国第25代国王，在位14年的李氏哲宗因病去世，他没有留下一儿半女来继承他的王位。

王室成员经过几轮协商，终于决定扶立王室旁支"大院君"李昰应的次子，年仅12岁的李熙为朝鲜国王，"大院君"李昰应摄政。

为了避免历史上外戚独霸朝政的局面再次重演，"大院君"李昰应在为李熙挑选皇后的时候，特意挑选了出身寒门的闵氏独生女进宫。然而令李昰应没有想到的是，闵妃虽然出身寒门却非平凡的女流之辈，她是个美貌多才、险鸷弄权的女人，李熙很怕她，也很信任她。为了闵妃，李熙甘愿和自己的亲生父亲反目。

1867年，性格软弱的李熙正式即位，

闵妃也向世人展示了她的"铁腕"做法。为了掌握实权，她与"大院君"李昰应进行了你死我活的权力争夺斗争。

朝鲜的两个邻国——俄国和日本直接插手朝鲜的宫廷斗争。闵妃的靠山是俄国人，李昰应的支持者是日本人，朝鲜宫廷的斗争也演变成为两大帝国主义之间的势力之争。而国王李熙则是一个不折不扣、彻头彻尾的傀儡。

1895年10月8日，四十多名日本兵突然气势汹汹地闯进朝鲜王宫，他们在王宫内四处搜寻，很快就从李熙寝宫的密室里找到了闵妃，并干脆利落地杀死了她。

为了毁灭证据，日本人当即把闵妃的尸体移到王宫后面的松林里，并在尸体上浇上汽油，放火焚烧。李熙眼睁睁地看着日本人干完这一切却毫无办法。

除掉闵妃后，日本人更加肆无忌惮，得寸进尺。他们强迫李熙改变朝鲜人一贯的蓄发梳髻习惯，剪掉头发。李熙不从，以正在为王后办理丧事为由，哀求日本人允许他延缓一些时日再作了断。

可日本人没有答应他的要求，李熙只好带头剪发。

到了1896年1月，俄国大使接到了朝鲜王宫宫女传递的情报，情报说日本人和"大院君"李昰应勾结在一起，准备册立新的国王。

为了俄国的利益，俄国大使派人通知李熙暂时先到俄国使馆避避。2月10日，俄国公使突然从停泊在仁川的军舰上调拨了120名俄兵，带着大炮挺进汉城。早已被日本人吓得半死的李熙在第二天一早就乘着宫女的花轿，来到俄国使馆。李熙被俄国人挟持了。

1905年日俄战争之后，日本终于将俄国的势力驱逐出朝鲜，宣布朝鲜为"保护国"，把朝鲜划入自己的势力范围。

到1910年，日本正式公开吞并朝鲜。李熙被迫退位，在旧王宫中过着寂寞幽怨的生活。1919年1月22日，李熙在他的王宫中突然死去，日本驻朝鲜总督假惺惺地发出讣告，称李熙是患脑出血病逝，并宣布将在3月3日为他举行"国葬"。

李熙之死，犹如巨石击水，在朝鲜人民中激起了巨大反响。全国上下群情激愤，很多老百姓披麻戴孝地从各地涌进汉城，汇成熊熊的反日浪潮。愤怒的民众认为，李熙是被日本人在他喝的红茶中放进砒霜毒死的，因为李熙虽然被逼退位，但朝鲜人民仍然十分怀念自己国家的这位君王，因此日本统治者将李熙视为一块"心病"，必欲除之而后快。那么，李熙是否真的是日本人毒死的呢？

在李熙死后，日本人始终没有向外界公开宣布李熙详细的病情报告，这未免令人起疑。

既然是因病自然死亡，为什么害怕公开详细的病情报告呢？而广泛流传在民间的说法则是，有在宫里照顾李熙的仆人看到，李熙是在喝了一杯红茶之后突然扑地死亡的，死的时候两眼发红，七窍流血，身上也布满了红色的斑点，有些部位还迅速地开始腐烂。

虽然人们很相信这个传言，但毕竟没有人能够拿出确凿的证据，因此后人也只能将信将疑。

李熙到底是怎么死的，至今没有人能够给出定论。但一个无法掌握自己命运的亡国之君，无论是怎样的死法，他都是死不瞑目的。

希特勒死亡之谜

作为人类有史以来最大的魔头，希特勒受关注的程度绝不亚于世界上任何一个有影响力的人物。美国曾经有人写了本书，名叫《对世界历史最有影响力的100个人物》，希特勒就赫然位列其中。关于希特勒的传记、生平一类的书更是多如牛毛，其中希特勒的神秘死亡更成为人们经常谈论的话题。

1945年4月下旬，盟军攻克柏林前夕，希特勒自知死期将至，在举行完婚礼后，便突然神秘地从世界上消失了。关于这件事，人们历来有着种种的猜测。

从希特勒消失后，就不断有人传出希特勒尚在人世的传闻。有人说他根本就没有结婚，只是找了一个相貌相似的"替死鬼"，然后就偷偷飞往了巴伐利亚。还有人说，

他隐姓埋名，混过盟军的层层关卡，逃往了南美避难。甚至到了60年代，一名摄影师还刊登出了希特勒尚在人世的照片，这些消息引起舆论大哗，立刻产生了轰动性的影响。

那么，希特勒当时到底死了没有呢？如果死了，又是怎么死的呢？

到目前为止，绝大多数人还是相信希特勒已经于柏林被攻克前夕，也就是1945年4月30日自杀身亡，然后被焚尸灭迹，陪伴他的还有他的新婚妻子爱娃和两只爱犬。然而关于自杀的方式，则是众说纷纭，莫衷一是。

一种说法是枪杀。根据希特勒贴身侍卫林格的供词，"希特勒用一支7.66口径的手枪向右太阳穴上开了一枪，这支枪和另一支备用的

6.35口径手枪都落在他脚边。希特勒的脑袋稍偏向墙壁，鲜血流在沙发边的地毯上"。而当时在场的希特勒的卫兵、传令兵和女秘书，也都称曾听见房内传出了枪声。

另一种说法来自于希特勒的验尸报告。报告中说，希特勒的尸体上并没有明显的致命伤或疾病，却在嘴里发现薄玻璃瓶身和瓶底的玻璃碎片，最后的结果是："由于氰化钾中毒致死。"此外还有两点旁证：一是当时在希特勒死亡的地点还弥漫着杏仁味，这明显是氰化钾的味道；二是4月29日夜间，希特勒曾拿出三瓶自称装有"快速致死毒药"的小玻璃瓶给总理府医院院长哈泽教授看，并请他在爱犬身上试验药性。

那么究竟哪种说法正确呢？本来只要验尸便可以清楚的。可惜希特勒的尸体却下落不明。有人说他的尸体在他死后即被手下的士兵用汽油焚毁，而苏联人却声称发现了希特勒的尸体，一起被发现的还有爱娃的尸体，以及他的两条陪葬的爱犬。凡此种种，都未得到证实。究竟真相如何，似乎也不必太较真，可以肯定的是，希特勒必然已经死去多年，而世界也不会再因为这个名字惊慌。

希特勒的死亡疑点重重

日本偷袭珍珠港之谜

◉ ◉ ◉ ◉ ◉ ◉ ◉ ◉ ◉ ◉ ◉ ◉

二战后的几十年，关于珍珠港的话题一直是人们茶余饭后的谈资，也是学术界一直争论不休的焦点。

近年来，不少人都对罗斯福总统事先是否知道日本人将要空袭这个问题提出了疑问，更有人拿出证据，说罗斯福以及美国政府高层根本就知道日本人的空袭计划，只是顺水推舟，找个借口向日本人宣战。

美国修正派代表比尔德在他的《罗斯福总统与1941年战争的来临》一书中写道：同年1月27日，美国驻日本大使格鲁在向国务卿赫尔发送的电报中说："根据秘鲁日本公使告诉我大使馆的工作人员说，他了解到日本军部正在拟定一项计划：如果日本和美国发生争端，它将使用全部力量袭击美国太平洋的海军基地珍珠港。"这说明

罗斯福总统在10个多月以前，就知道日本企图进攻珍珠港，而后来珍珠港的准备工作却有如此大的反差，不能不让人怀疑这是罗斯福有意安排的。更为巧合的是，空袭发生的时候，美国的航空母舰全部不在港口内。这莫非也是罗斯福总统提前授意的吗？

在中国和日本，也有人持着类似的看法。1941年12月7日，也就是"珍珠港事件"发生的当天，罗斯福总统在会见中国驻美大使胡适的时候曾说："我有这样一种感觉，48小时内，在泰国、马来西亚、荷属东印度或菲律宾等地将会发生某种不妙的事情。"倘若是巧合，也未免太不可思议了。而原日本外务次长西春彦在1983年发表的文章中，也曾引用了荷兰驻华盛顿

武官拉涅弗特的证词来证明美国政府的的确确是知道即将发生的空袭事件的。当然，日本人在谈论这件事的时候，一定有被算计而不是滋味的感觉，他们也许会觉得，我偷袭虽然不怎么光彩，但你这种玩弄心计的伎俩却更加卑鄙。

当然也有人反对以上的说法，他们认为，虽然罗斯福总统和美国政府高层可能知道日本人有偷袭的意图，但也许想不到他们竟会如此大胆，加之美国国内向来和平，防备松懈也属正常。至于空袭的具体时间，就更加判断不出来了，而且就在空袭发生前几天，日本驻美大使还向美政府表达了日本的"友好"和"决不开战"的"诚意"，这也在很大程度上麻痹了美国人的神经。何况以美国人"珍爱生命"的传统观念，怎么可能任由军舰上的士兵被人屠杀呢？

孰是孰非，大概又不是一个容易解决的问题了，也许只有早已作古的罗斯福总统本人才能解答。

连番轰炸，是偷袭成功，还是计划失败，恐怕永远沉溺在了历史的尘埃中

牛顿精神失常之谜

◉ ◉ ◉ ◉ ◉ ◉ ◉ ◉

如同历史上的每件悬疑事件一样，在他死后的250多年间，"牛顿发疯"这个话题始终被很多科学界人士所热衷，用脑过度说，受强烈刺激说，甚至于汞中毒说都曾经被提出过，然而至今尚无定论。

但我们不妨猜测一下。首先看看牛顿精神失常前的几年间发生过什么。"牛顿发疯"的时间是1692—1693年，许多人赞成的"受强烈刺激说"似乎站不住脚，因为此时距离他的恩师巴罗和皇家学会干事巴格的相继逝世已有15年，距离牛顿的母亲去世也已有3年，英国人是不搞"守孝三年"的，因此相隔了几年的悲伤应该不至于影响到他，而此后一场大火将包含他多年心血的论文稿件付之一炬，但距离"发疯"事件也时日不短。由此

可见，牛顿因突然打击而致疯的可能性不大。

另外就是"用脑过度说"。这并非没有可能，因长期精神紧张

牛顿的精神失常让人们充满了疑惑

以及用脑过度而导致的诸如植物神经功能紊乱等一些慢性病倒是常有先例，何况牛顿因为工作压力，在三十多岁就已经"白了少年头"，这也时常是这类慢性病发作的征兆。

此外最神秘的大约是"汞中毒说"了，这有两种可能：在实验室里和汞有过多接触；被人投毒。前者可能性不大，身为科学家的他对于中毒的防范不该不严，况且，在实验室里经常接触汞的人，所在皆是，相信他的助手也是如此，何故只有他一人中毒呢？而后者倒是有可能，牛顿一生树敌甚多，多半是学术上的，其中不乏卑鄙小人，何况以他把怀表当鸡蛋煮的马虎劲，被人暗算，也属正常。

当然这些都只限于猜测，实情如何，就不得而知了。牛顿和他同时代身边的人都已作古，这个秘密大概只有上帝才知道。

亚历山大灯塔之谜

◉ ◉ ◉ ◉ ◉ ◉ ◉ ◉ ◉ ◉

　　在埃及尼罗河的入海口，有个古城叫"亚历山大城"。在亚历山大城，曾有一个堪称"世界灯塔建筑鼻祖"的亚历山大大灯塔。早在公元前2世纪，腓尼基旅行家昂蒂帕特就把它列入了当时的"世界七大奇迹"。令人遗憾的是，14世纪的两次大地震把曾照彻千古的灯塔夷为平地。

　　据记载，大灯塔建于公元前280年。灯塔颇具巴比伦风格，像一个巨人，巍然屹立在亚历山大城附近法罗斯岛防波堤的南端。

　　塔身用白色的大理石建筑而成，塔内共有近300个房间。大理石坚硬平滑，石头间偶有缝隙，也全部用熔化后的金属填塞好了。大灯塔分4层，高120米，不要说在远古时期，即使在今天看来也是个直插云霄的"巨无霸"。一层是方形的，高69米，像今天大都市里的塔楼；二层的墙壁呈正八角形，高38米，像战争时期的炮楼；三层建成了圆塔，像个堡垒；四层是塔顶，里面放有一个大火盆。从一层到四层，体积逐渐变小，但线条规则，比例恰当，很是好看。

　　为了稳固，也为了防止海水的腐蚀，塔基全部用耐腐蚀的玻璃块填实，显示了高度的建筑技巧。

　　为了让远处航线的船只看到塔顶的火光，在灯塔朝向海洋的方向，矗立着一块甚至比塔身还高的花岗岩。岩面被打磨得非常平滑，能起到反光镜的作用，大大增加了灯塔火光的亮度。

　　那么大灯塔是谁修建的呢？

　　原来在历史上，有个横跨亚、

非、欧三洲的马其顿帝国，马其顿帝国的国王名叫"亚历山大"。公元前331年，亚历山大在尼罗河口的一个无名渔村创建了一个城市，并用自己的名字把它命名为"亚历山大城"。亚历山大只活了33岁，就英年早逝了。他的将领托勒玫在埃及称王后，就把亚历山大城定为自己王国的首都，并主持修建了大灯塔。后人还以为是亚历山大修建了它，其实不是这样。

地震震毁了有形的大灯塔，却未曾震灭灯塔燃烧于人们心中的熊熊火焰。直到今天，人们还在凭吊这座大灯塔。

关于灯塔被毁一事，也有人认为是因为战争被摧毁，究竟是怎样的呢？我们等待谜底揭开的那一天。

是谁导致月亮女神庙的

◉ ◉ ◉ ◉ ◉ ◉ ◉ ◉ ◉ ◉ ◉

灭顶之灾

◉ ◉ ◉ ◉

在土耳其的以弗所城，有个人想名扬天下。为了达到目的，竟于公元前356年的一个晚上，也就是亚历山大大帝出生的那个夜晚，纵火烧毁了驰名全球的月亮女神庙——阿苔密斯神庙。该神庙被腓尼基著名旅行家昂蒂帕特称为"世界七大奇迹"之一，痛心之余，人们很快

月亮女神庙已经永远消失，只有她的传说仍然流传至今

又重建了女神庙。

没想到，到了公元262年，哥特人入侵以弗所后，女神庙又一次遭到了灭顶之灾。哥特人不仅把女神庙抢劫一空，最后还一把火烧光了女神庙。人们再也没有重建它，女神庙从人们的视线中永远消失了，却在人们心灵里留下了一个永久的遗憾。

女神庙究竟是什么样子，人们无从得知。历代的人们根据历史的记录和自己的想象，复原着女神庙的样子。

女神庙建于公元前560年。当时的以弗所是吕底亚王国的商业中心，交通便利，一片繁华景象。以弗所人非常崇敬月亮女神阿苔密斯，就修建了这座结构复杂、规模宏伟、巍峨壮观的阿苔密斯月亮女神庙，来供奉他们心中的偶像。

女神庙庙基长为127米，宽为73米。台基有10级台阶，四周共有127根19米高的柱子，分两行排列。柱子上面安放着方形的大理石屋顶。在32根柱子的基座上雕刻着栩栩如生的神话故事。19世纪60年代，英国考古学家还在这里找到了一些雕柱残片，其中一块竟有约100米高，上面刻满了活灵活现的人物肖像。今天，这些残片还被珍藏在大不列颠博物馆之中。

传说那个纵火犯被抓获后，被判处了极刑。为了不让他的阴谋得逞，法官下令从那时候起人们将不许提及他的名字。两千多年过去了，纵火犯的名字还是被流传下来了，他就是遗臭万年的"埃罗斯特拉特"。只不过，今天，埃罗斯特拉特成了"疯子"和"神经病"的代名词，与他流芳百世的初衷背道而驰了。

卡廷森林案之谜

◉ ◉ ◉ ◉ ◉ ◉ ◉

在苏联斯摩棱斯克市以西15千米的卡廷森林里，人们发现了约15000名二战期间波兰军官的尸骨，史称"卡廷屠杀事件"，是谁杀害了他们呢？

1939年9月1日，纳粹德国突袭波兰，第二次世界大战爆发。当波军官兵在西部奋勇抵抗德军侵略时，苏联红军以"解救"波兰人民为借口，进占波兰东部，包围并拘禁了几十万波兰官兵。实际上，德、苏将波兰肢解瓜分了。1941年6月22日，德军依照"巴巴罗萨计划"大举东进，侵略苏联。苏军由于措手不及，损失惨重。共同的利益推动了反法西斯国家的联合，苏波两国政府签订了在反法西斯战争中一致行动的协定。根据协定，对此前因被俘而滞留苏联境内、失去自由的波兰公民，苏方予以特赦；在苏联境内建立一支波兰军队，与苏军并肩作战，共同抗敌。然而，在被俘的一万五千余名波兰军官中，苏联只交出其中四百多名。其余被俘波兰军官杳无音信。他们到底去了哪里呢？

为了寻找这批失踪的被俘军官，波兰政府作出了巨大努力。他们多次和苏联高级领导层进行交涉，但得到的往往是模棱两可的答复。1941年11月，苏联声称被其所拘禁的所有波兰公民"均已释放"。

波兰地下组织立即进行调查，结果是，无论在波兰军官家中，或是在德国战俘营中，都没有这些军官的踪迹。实际上这些人从1940年四、五月起就同家里失去了联系。1941年12月，斯大林在会见波兰总理时，对这些波兰军官的下落提出一个假设：这些战俘大部分已逃往中国东北。

正当波兰政府一头雾水时，德国柏林电台于1943年4月宣布说：在苏联斯摩棱斯克附近的卡廷森林，德军发现了掩埋着成千上万具尸体的大批坟墓，因为当地土质特殊，尸体已变成干尸。经过验尸和当地目击者的证词确定，他们正是1940年4月以前押在苏联的波兰军官尸体，总数约为15000名。

两天以后，苏联电台作出反应。德、苏双方针锋相对，彼此认为这一骇人听闻的大屠杀是对方所为，并提出对自己有利的证据。波兰政府闻讯如五雷轰顶，但一时之间，凶手到底是德国人还是苏联人，竟也分辨不清。

二战结束后，在纽伦堡法庭最后审讯阶段，苏联法官要求把卡廷屠杀事件写入对德国战犯的起诉书中。但在最后审判时，却因证据不足只字未提。波兰方面由于种种原因，也未能深究，只好不了了之。从此，卡廷事件成了历史之谜。

20世纪50年代，美国方面成立了调查此事的特别委员会。经过多方调查，他们宣布：卡廷森林屠杀波兰军官一事，是由苏联内务人民委员会干的。波兰1980年以后的报刊对卡廷事件的报道，几乎一致认为"罪在苏联"。随后，波兰政府多次要求苏联对这一事件提供说法。直到1992年10月，俄罗斯才向波兰政府移交了有关卡廷事件的两包"绝密档案"。它总共包括20个文件的复印件，其中最重要的是由斯大林签署同意的"联共（布）中央政治局1940年3月5日关于枪决15131名波兰军官和11000名波兰公民的决定"。

波兰亡国后拘押在苏联境内的大批波兰被俘官兵统一由苏联"内务部战俘和被拘留人员事务局"管理。波兰士兵一部分被遣散，一部分被解押到北极地区的苏联集中营。军官中极少数人被转移到莫斯科的卢卡卡监狱，其余部分则被转移到三个集中营。从1940年年初起，内务部开始对这三个集中营进行"清理"。至1940年4月前夕，三个集中营里大约8700名波兰高级军官和7000名下级军官、士兵，全部被"清理完毕"。

虽然卡廷惨案基本上大白于天下，但仍留有几个"尾巴"：第一，死于卡廷森林的波兰军官确切人数是多少？第二，是否还有第二、第三个"卡廷"？第三，苏联内务部为什么要集体枪杀这些手无寸铁的波兰战俘呢？

也许还有更加残酷的事实需要人们去揭示、面对。

诺曼底行动成功之谜

◉ ◉ ◉ ◉ ◉ ◉ ◉ ◉ ◉

丘吉尔曾经说过："战争中真理是如此宝贵，要用谎言来保卫。"此话一语中的，道破了第二次世界大战期间盟军诺曼底登陆计划得以成功实施的又一"天机"。就让我们透过那些活动在看不见的战线上幕后英雄的故事来窥视一下其中的奥妙吧！

故事的第一个主人公是一位代号为"宝贝"的双重女间谍。她的真实姓名叫"纳萨莉·萨久依安"。她出生于俄罗斯，后来加入法国籍。二战爆发后，加入德国情报部门。她被派往马德里，并在那里结识了一位美国朋友。正是这位朋友改变了她的命运。这位朋友建议她为盟国效力，并帮她联系上了英国使馆。本来纳萨莉和纳粹德国的头目赫尔曼·戈林关系不错，哪

知一踏上英伦三岛，纳萨莉就背叛了纳粹德国，开始秘密地为英国"军情五处"效力。通过纳萨莉，英国人获得了纳粹德国的大量情报。也是通过纳萨莉，盟军给纳粹德国"送"上了将在法国加莱实施登陆行动的假情报，从而迷惑了希特勒。

整个二战期间，谍报战线的形势错综复杂，可谓敌中有我，我中有敌。有时为了达到某个目的，可谓绞尽脑汁。而有时绞尽脑汁也使不出诡计的，却又得来全不费工夫。冒牌的"蒙哥马利"就是其中一例。

1944年5月26日，希特勒手上拿着一张照片，仔细地端详着。照片上的人是英国陆军元帅蒙哥马利。只见他身着战地服，配有英国

皇家参谋总部的鲜红衣领，肩章上佩戴着军衔标记——两把交叉的军刀，胸前挂着蒙哥马利平时佩戴的4排荣誉勋章，黑色的贝雷帽上装饰着两个徽章。拍照的地点是直布罗陀机场，不难看出此刻他正在发表热情洋溢的讲话。这张照片是德国间谍于当天拍摄的。希特勒不由得犯嘀咕了，蒙哥马利到这里来干什么。不久，密探来报，蒙哥马利又去了阿尔及尔，并带来印有他名字缩写的手绢。希特勒的眉头不由得拧成了一个疙瘩，立即下令召集高级将领会议。会上，大家各抒己见，最终达成了共识：盟军即将在法国南部的加莱地区登陆。直到6月10日，希特勒对此还深信不疑。但是历史证明他错了。当照片上的蒙哥马利带着许多高级将领到德国人认为盟军可能登陆的地点抛头露面，大出风头时，另一个蒙哥马利却一直留在英国紧张地准备着诺曼底登陆的具体计划。

难道蒙哥马利分身有术不成？

其实这一切都是盟军精心设置的圈套，不过是盟军"铜头蛇"行动的一部分。所谓"铜头蛇"行

动，是由英国情报部门在诺曼底登陆战前夕发起的一场秘密情报战。其内容是在诺曼底登陆作战之前，找一个长相酷似英国陆军元帅蒙哥马利的人冒充他进行一系列掩人耳目的活动，以便以确凿有据的"事实"向德军表明，英国登陆作战最高指挥官蒙哥马利元帅已经离开英国，到了非洲的直布罗陀和阿尔及尔，从而使德国人相信：盟军的登陆地点很可能是法国南部的加莱地区，而不是北部的诺曼底。

1944年5月25日晚，一幕专门给希特勒准备的"戏"上演了。果不其然，希特勒钻进了英国人的圈套。

1944年初，驻扎在法国的德军兵力远远超过了英美两国登陆部队的总兵力。倘若德军将主要兵力集中于诺曼底，盟军的登陆行动计划必定受挫。为确保万无一失，盟军还决定同时实行"霸王行动"。这一行动的关键在于阻止德军的主力兵力向诺曼底转移，使德军误以为登陆地点在与英国东南部仅一水之隔的法国加莱地区。"计划"虽好，但是实施起来谈何容易？这

时，英国人想到了"德国间谍"布律蒂斯，决定利用他假传情报，调动德军。

布律蒂斯原是波兰特工，二战期间在法国组织起一个多达一百六十余人参加的"盟军情报网"，搜集并借助无线电不断向伦敦情报机构提供有关德军的各种情报。1941年11月，他因情报网活动被德军发现而被捕。德军从他身上发现了他根据手下人提供的情报绘制的德军在法国的兵力分布图。正是这幅地图竟然改变了整个西欧战场的形势。驻法国的德军情报机构头目莱勒少校看到这幅地图后，不禁为之折服，亲自到监狱诱降，遭到一口回绝。但布律蒂斯回头一想，与其坐以待命，不如假戏真做。于是，他向莱勒提出了3个条件：德国在战后好好对待波兰；64名同伴做战俘处理直至战争结束；保证他的行动不受监视，出去后仍和原来的谍报网恢复联系。德国方面一一应允。于是，在德军的巧妙安排下，布律蒂斯在被押送途中，趁巴黎街头人潮如涌的机会逃脱。一名"德国间谍"诞生了。

出乎德国人意料的是，布律蒂斯随后不久便来到了马德里的英国大使馆，并在大使馆的安排下乘机到了伦敦，与英国情报机构建立了密切的合作关系。

1943年1月，在英国人的支持下，布律蒂斯以波兰最高司令部军官的公开身份，开始出现在各种公开场合，为德军搜集所谓的盟军情报。这些情报在德国人看来贵如珍宝，但于盟军并无多大损害。很快地，他赢得了德国人的信任。

为了迷惑德军，顺利实施诺曼底登陆计划，盟军通过布律蒂斯不断地将假情报提供给德国人。德军利用他的情报，绘制了盟军"百万大军"的详细部署图。此外，布律蒂斯还向德军报告，他已被任命为盟军司令部的波兰联络官，骗取了德军更多的信任。

为了执行这一庞大的冒险计划，盟军也做了大量的准备工作，以便与布律蒂斯的假情报相呼应，例如派出装有电台的汽车在这个地区迂回，发出几千封电报供德军监听；派出飞机轰炸加莱地区的德军兵营，制造出要在加莱同德军决一死战的架势。

这一切假象做得滴水不漏，致使德国人完全中了圈套。他们认为，布律蒂斯这个优秀的间谍人员使他们识破了盟军的入侵计划。于是，德军以最精锐的部队和庞大的坦克群集结于法国北部加莱地区……

当然，除了我们已知的几位幕后英雄外，还有许多不为人知的地下英雄都为这次登陆作出了不可磨灭的贡献。正是在他们的努力下，1944年6月6日，诺曼底迎来了一批从天而降的神兵，而此时希特勒的重兵却还集中在加莱地区待命。

梦露死亡之谜

◉ ◉ ◉ ◉ ◉ ◉

　　玛丽莲·梦露是好莱坞性感女神的象征，她的影响迄今尚存，而她的突然死亡，也成为好莱坞最大的疑案，至今仍有"阴谋论"在流传着。

　　提起玛丽莲·梦露，人们眼前立即会浮现出一个金发碧眼的好莱坞影星形象。玛丽莲·梦露是公认的美女，具有无可挑剔的天生丽质。她出身下层社会，有幸步入影坛后一路走红，在银幕上演绎悲欢离合，塑造了许许多多普普通通而又光彩夺目的女性形象。成功带给她金钱、荣誉和数不尽的风流韵事。她结交无数社会名流、政坛要人，出尽了风头。但是她也难逃红颜薄命的下场，于1962年8月4日，突然死于家中。长期以来，官方报道都说她自杀身亡。

　　永远的性感女神玛丽莲·梦露虽已仙逝几十年，但关于她的死因至今仍有"阴谋论"的说法流传着。

　　1962年8月4日，玛丽莲·梦露的女管家默里太太从梦中醒来，发现梦露卧室门下面透出一丝灯光，默里太太心头略感不安，上前去推梦露卧室的门，却没有推开，她急忙叫来梦露的私人医生格林森大夫，格林森打破窗玻璃进入梦露卧室，结果发现梦露僵卧在床上，身体裹着皱成一团的被单。手边还放着电话听筒。格林森检查后认为，梦露是因为吞服了大量的安眠药巴比妥酸盐而死。

　　梦露在自己洛杉矶郊外贝弗利山地豪华别墅自杀身亡的消息被媒体报道后引起轩然大波。关心她的人们都感到奇怪：梦露死时年仅36岁，正在大红大紫之时，为何要轻生呢？

有人研究梦露的尸体解剖报告，发现漏洞百出：报告说梦露一次性吞服47粒安眠药，可同时又说她的胃内几乎是空的，只有少量呈褐色的液体，一般来说，吞服那么多安眠药在胃内没有一点残留是不可能的。特别是梦露的尸体检查报告最初长达723页，后来不知为何减少到54页。

根据劳福德的说法，梦露死前与约翰·肯尼迪及罗伯特·肯尼迪兄弟关系非比寻常。早在1954年，劳福德就将梦露引见给约翰·肯尼迪，从此两人交往下去。肯尼迪总统被弟弟罗伯特和警察局长胡佛告知，他与梦露的暧昧关系已经被黑手党掌握。肯尼迪总统致力于打击黑手党，因此决定断绝与梦露的关系。但梦露一厢情愿，不断给肯尼迪总统打电话、写信，甚至威胁总统要向媒体披露他们之间的交往。肯尼迪无奈之下，找来弟弟罗伯特当说客。不料罗伯特与梦露一见钟情，梦露对外宣布她要与罗伯特结

婚。可是不久他们的关系出现裂痕。梦露通过劳福德找到罗伯特，威胁他要召开记者招待会，告知全世界她在肯尼迪兄弟手中遭的罪。劳福德从旁阻止，并打电话通知梦露的心理医生格林森大夫设法使梦露平静下来，梦露当天夜里想不开就服毒自杀了。

事情真的如此吗？1985年，默里太太突然说，1962年8月4日，罗伯特曾来贝弗利山庄看过梦露，两人大吵了一架，梦露变得歇斯底里，罗伯特的随从人员不得不"介入"进来。最先到达梦露死亡现场的洛杉矶市中心警察分局杰克·克来蒙斯警官证实，梦露尸体上有乌青块，尸体也曾被移动或重新布置过。

一直坚持认为梦露是他杀而非自杀的还有老私家侦探史毕葛罗。史毕葛罗从事私家侦探的生涯长达41年，2000年4月30日因肺癌在洛杉矶过世，享年62岁。他在生前曾写下三本相当有名的著作，主题都是以实例一一驳斥关于玛丽莲·梦露真正死因的"官方说法"。史毕葛罗花了二十几年的时间追查梦露之死的真相，在他的书中作下结

论：玛丽莲·梦露绝对不是自杀身亡，而是当年肯尼迪家族某位人士下令，指示芝加哥黑帮分子把她给"做掉"的。

史毕葛罗认为，梦露其实是个活生生的牺牲者，而不是一般大众透过媒体所认为的自杀身亡。

萨斯曼在20世纪60年代当宣传人员时曾为梦露打工。他在一个节目中大肆抨击梦露的坏脾气，形容她"不可理喻""傲慢""简直是婊子"。萨斯曼说，当年美国传媒无人不知总统约翰·肯尼迪及他的弟弟罗伯特·肯尼迪都与梦露有染，但没有人会将这种事公之于世，所以肯尼迪兄弟根本不把梦露当成一种威胁，更谈不上买通凶手杀害她。

萨斯曼虽然不相信肯尼迪家族会派人杀梦露灭口，但认为梦露自杀的说法同样不可信，不过他形容梦露"每个行动都是自我毁灭的"，他认为梦露希望以此作为对肯尼迪兄弟的报复。

好莱坞原制片人唐·沃尔夫出于对梦露死因的怀疑，经过7年的艰苦调查，会见了多个关键性的证人，唐·沃尔夫与一些专家研究了梦露的毒物报告。在她的血夜中含有4.5毫克戊硫巴比妥和8毫克水合氯醛。这个剂量足能杀死15~26个人，但她胃里却没有留下任何痕迹。显然是别人强行给她进行了致命的静脉注射。唐·沃尔夫精心撰写了《对一个谋杀案的调查》，于1998年10月15日分别在美、英、法三国同时出版，认定梦露的死是由于她与肯尼迪兄弟的特殊关系，是她知道太多的国家机密，对美国的安全已经构成威胁。

星球大战计划之谜

◉ ◉ ◉ ◉ ◉ ◉ ◉ ◉

　　"星球大战"计划是登峰造极的冷战产物，更是美国为拖垮苏联而制定的最阴险的计谋。在冷战后的今天，我们更可以看清这一计划的一石三鸟的目标。

　　1977年4月，美国电影界的一位新秀乔治·卢卡斯向报界宣称，他耗资950万美元，采用三百六十多种特技和复杂的计算机控制技术，拍摄出了一部生动的关于星球航行与宇宙大战奇观的影片，影片的名字为《星球大战》。出于对现实的联想及未来的猜测，人们争相观看。《时代》杂志于同年5月30日将该影片作为"年度最佳电影"向美国观众推荐。最初，人们仅仅把它作为一部科学幻想片来对待，但现实却不幸被言中。20世纪70年代，美苏之间的冷战开始缓

和，"美苏合作共同主宰世界"得到双方的默认。但在70年代末期，这种战略态势发生转变，1979年苏联入侵阿富汗，标志着苏攻美守的战略态势得到确立，但这种战略态势也未持续多久。1981年美国共和党保守势力的代表——里根入主白宫后，便高呼"要重振军威""将苏联推回至原有的势力范围内"。1983年3月23日，美国总统里根利用美国电视广播的"黄金时间"，向全世界公布了一项计划——"总统战略防御计划"。这一计划立即被人们戏称为"星球大战"计划。计划出笼以后，立即掀起世界性的轩然大波，并引起各国政府的极大关注。

　　"星球大战"计划即"SDI"计划。SDI是英文"Strategic Defense

lnitiative"的缩写，这里的"Initiative"是指领先、倡议、首创、主动的意思。由此可见，"SDI"的原意是指在太空中夺取战略防御优势。中国对此术语有各种译法，有译为"战略防御构想""战略防御优势"的，也有译为"战略防御倡议"的，俗称则是"星球大战"计划。

"星球大战"计划不仅是庞大的研究计划又是耗资惊人的项目，且受到许多人的谴责，那么，里根政府决心搞此计划究竟意欲何为？葫芦里卖的是什么药？时至今日，我们可以清楚地看到："星球大战"计划原来是美国的一项大规模的蕴含着多种追求的研究发展计划，其目的无非在于拖垮苏联，夺取军事优势，以高技术拉动美国经济的发展。此举真可谓"一石三鸟"。

首先，"星球大战"计划有激化竞争、将苏联拖入更高层次的军备竞赛，最终将其拖垮的目的。1991年苏联解体与"星球大战"计划不无关系。

其次，美国推行此计划意在借助高科技开发太空来活跃美国的经济，同时唤起美国的"开拓精神"，并企图消除国内的矛盾。对于美国国内，"星球大战"计划起着两种作用。第一，它涉及美国"拓荒精神"的传统情感，增强了美国公众对拓荒美梦和创造的期待，借助在太空中寻求"新的开拓地"来唤起已经褪色的"美国魂"，从而缓和国内的矛盾；第二，"星战"计划研究中有近80项技术涉及当时美国科技界的尖端研究领域，这将有利于美国借助高技术促进经济的发展。70年代被多数专家称为"世界科技的徘徊时期"。

当时，在经历了航天和计算机技术的飞速发展之后，世界科技正在寻求新的突破。而此时，美国科技界一批很有潜力的技术尚未得到充分开发，为了加速高技术的产业化进程，并以此作为新的发展动力，推动处于"滞胀"中的美国经济摆脱困境，里根政府想到了"以高技术计划盘活政治、经济格局"的高招。实践证明，"星战"计划技术在美国国民经济的重要领域，如航天、能源和计算机等领域的应用极大地刺激了美国经济转好。美国战后最长的经济持续增长期的出现与"星战"计划的提出密切相关。

最后，"星球大战"计划还有在全世界全面夺取军事优势，加快国防科技发展的作用。美国"星球大战"计划是机关算尽，包含了美国的多重追求与目的。从某种层面上看，它是美国霸权主义发展到极端的产物，它在质的方面大大升级了当时的军备竞赛，加剧了世界紧张局势，使战争的危险因素增加。但是从一开始，"星球大战"计划就受到政治、经费和技术等诸多因素的困扰，发展道路极其坎坷不平。一方面，它的这种建立完全防漏的"太空盾牌"的设想在技术层面上是一种难以实现的"超现实幻想"。2001年9月11日发生的恐怖分子劫机撞击纽约世贸中心大楼事件就是对这一设想的极大讽刺。同时，高达上万亿美元的预算使美国经济不堪重负。因此，苏联解体后，"星球大战"计划被迫逐渐降温，不得不以一个有限的"星球大战"计划——国家导弹防御系统取而代之。

宏伟的计划，使美国不堪重负，但却唤醒了美国的"开拓精神"